NHK BOOKS
1258

資本主義はいかに衰退するのか
——ミーゼス、ハイエク、そしてシュンペーター

nei masahiro
根井雅弘

NHK出版

まえがき

本書は、シュンペーターを主軸に、それにミーゼスとハイエクを加えた三名の経済思想を再検討し、今日に生きる私たちが経済問題を考えるときのヒントを提供することを目的としている。

この三人は景気循環論、企業家論、民主主義論、体制比較論など、多くの分野で活躍したが、日本でもっとも人気の高い経済学者の一人、シュンペーターとの比較という形でハイエクやミーゼスがそれぞれ取り上げられることはあったものの、三人を同時に比較する試みはあまりなかったように思う。この事実はやや意外でもある。というのは、ハプスブルク帝国で生まれたという以外に、彼らはみなオーストリア学派の本拠地であるウィーン大学に学んだという共通点があるからだ。

三人を同時比較する試みがなかった原因の一つは、シュンペーターが、早い時期から、みずからをオーストリア学派の伝統から切り離し、ローザンヌ学派の創設者レオン・ワルラスの一般均衡理論を受容することによって、「コスモポリタン」となったことである。もっとも、今日、シュンペーターの経済思想の特徴を「オーストリア学派的」と形容することはまずない。彼の理論のなかにもオーストリア学派の帰属理論が採り入れられているなど、その「出自」をうかがわせるものは一部残ってはいる。ところが、その後、シュンペーターは、マルクスの動態的ヴィジョンにヒントを得て、企業家によるイノベーションの遂行こそが資本主義を資本主義たらしめる原動力であるという主張（『経済発展の理論』一九一二年）で世界的に著名になり、単なるオーストリアンではなくなった。

ミーゼスとハイエクは、シュンペーターと違って、オーストリア学派の伝統のなかから出てきたことを隠さず、むしろそれを発展させようと努力した。ハイエクはオーストリア学派の迂回生産論にスウェーデン学派のヴィクセルの貨幣的経済論を一部採り入れ、初期の傑作『価格と生産』（一九三一年）を書いた。ミーゼスも、貨幣的景気循環論の分野での仕事（『貨幣および流通手段の理論』一九一二年）があるが、彼の名を最初に世界的に有名にしたのは、ロシア革命のあと、社会主義のもとで経済計算が成り立ちうるかを問う論争において、はっきりと「できない」という解答を提出した仕事であった（「社会主義社会における経済計算」一九二〇年）。これが社会主義経済計算論争の口火を切った論文だが、いまから回顧すれば「常識的」にみえるミーゼスの見解は、当時、社会主義者でありながら一般均衡理論を駆使したポーランド出身の経済学者オスカー・ランゲなどの有力な反論があり、学界における多数派とはならなかった。シュンペーターでさえ、ランゲを支持した一人だったのだから。

ミーゼスの論文は、ベルリンの壁の崩壊後、再評価されることになるが、彼の代表作は決してその仕事ではなく、アメリカ亡命後に完成した『ヒューマン・アクション』（一九四九年）であることは、なかなか一般の常識にはならなかった。だが、オーストリア学派の方法論的個人主義の流れから出発し、「人間行為学」（プラクセオロジー）を提示したこの著作は、もっと主流派の経済学者たちに読まれてしかるべき内容を含んでいたと思う。ただ、独自の「先験主義」（ア・プリオリズム）や自由放任論につながりかねない干渉主義批判が、サムエルソンの「新古典派総合」や「混合経済論」が長く主流派であった学界での評価を妨《さまた》げたということだけは言えるだろう。

その点、ハイエクは、ミーゼスよりももっと光が当たりやすかった。経済学界では決して主流派ではなく、経済理論家としてはとうに忘れられていたにもかかわらず、一九七四年、スウェーデンのミュルダールとともにノーベル経済学賞の栄冠に輝いたからである。その頃、ハイエクはすでに「経済学者」というよりは、自由主義社会哲学の研究者となっていた。だが、ノーベル賞とともに、再び経済論壇に呼び戻され、時事論説を書くことも再開したのだから皮肉なものである。

ハイエクは、第二次世界大戦中のベストセラー『隷属への道』（一九四四年）で成功をおさめたが、それが「政治的パンフレット」であると誤解されるのを恐れて、戦後は自由主義社会哲学を体系的にまとめる仕事に真剣に取り組んだ。その成果が、『自由の条件』（一九六〇年）と『法と立法と自由』全三巻（一九七三〜七九年）だが、私は完成度の高さから後者をハイエクの代表作とみなしている。なぜなら、後者には、ハイエクが社会主義批判の要《かなめ》とみていた「社会正義の幻想」という思想が織り込まれたからだ。

二〇二〇年は、シュンペーター没後七〇年の年に当たっている。この機会に、ミーゼスやハイエクの思想との比較を含めて、シュンペーターの思想を再考してみたいと思った。三人を比較しながら一書にまとめるのは、思っていたよりは難しい仕事であったが、私は「難しい」問題をあたかも「簡単」に理解できるような書き方はしたくなかった。それは経済思想を誤解させる元凶である。難しければ立ち止まってでも考える習慣を身につけてほしい。

さて、本書のタイトルに、NHK出版編集部のみなさんが『資本主義はいかに衰退するのか――ミーゼス、ハイエク、そしてシュンペーター』という妙案を考えてくれた。これをみると、シュンペーター晩年の関心を想起させるかもしれないが、資本主義を「擁護」しているようにみなされているミーゼスやハイエクの思想も、決して現にある資本主義の実態と同じではなく、なぜ彼らの理想的な資本主義像がそのままの形で受けいれられなかったのかを考える際のヒントになると思った。読者が誤解することがないように、念のため書きそえておく。

目次

＊英語文献の引用は、著者の試訳にもとづく。

校　閲　猪熊良子
ＤＴＰ　角谷　剛
編集協力　五十嵐広美

第一章

経済思想の原点——オーストリア学派の影響

「経済学的考え方の動向」にて

一九三三年三月一日、フリードリヒ・A・フォン・ハイエク（一八九九～一九九二）はLSE（London School of Economics and Political Science）において、教授就任講義「経済学的考え方の動向」の演壇に立った。彼は『価格と生産』（一九三一年）にまとめられた景気循環論に関する講義ですでにLSEのスタッフや学生たちを魅了しており、ライオネル・ロビンズ（一八九八～一九八四）の奔走もあって、LSEの教授に迎えられることに異を唱える勢力はほとんどなかったと思われる。

ハイエクは、今日では、社会主義の経済計画ばかりでなく、資本主義における何らかの「計画」

や「管理」（ケインズ主義もその一つである）を徹底的に批判し続けた経済学者として知られているが、この就任講義の段階では、まだハイエクの経済社会思想の全貌が出来上がっていたわけではない。だが、経済学者の仕事の最良の部分が二〇代のうちに成し遂げられるというヨゼフ・A・シュンペーター（一八八三～一九五〇）の説が当たっているなら、ハイエクの思想の核心が一部なりとも現れていても不思議ではない。ハイエクは、就任講義のなかで次のように述べている。

ヒュームやスミスの時代から、経済現象を理解するあらゆる試み、つまりあらゆる理論的分析の効力は、次のことを示すことにある。すなわち、社会における個人的努力の調整は、大部分、意図的な計画の産物ではない。多くの場合、だれも望みも理解もしていない方法によって、そして切りはなして見ればシステムのもっとも好ましくない特徴とみなされうる方法によってもたらされたものであり、またそれらによってのみ可能になったものである。明らかになったことは、暗黙の変化や不可避の変化というものは、われわれの願望や利用できる手段の変化によって、その必然性をだれも理解せずにもたらされるのである。要するに、きわめて複雑なメカニズムが存在し、作動し、問題を解決しているということがはっきりしたのである。しばしばそれは、結果を達成しうる唯一の方法であることは立証されているが、だれも理解していないので意図的な規制の結果ではありえないものであった。そうした働きを理解するようになりつつある今日においてさえ、その必要な機能が自生的な制度によって果たされていることをわれわれは繰りかえし発見するのである。かりにもシステムを意図的な規制によって動かそうとしていたなら、そのような制度を考案しなければならなかっただろう。当初はそれらを目の当たりにしているのに、理解さえできなかったのである。(『経済学論集』ハイエク全集II―6、古賀勝次郎監訳、春秋社、二〇〇九年、一五~一六頁)

のちにハイエクは、人間の行為の意図せざる結果として生まれる「自生的秩序」の重要性を繰り返し強調するようになるのだが、そのような思想の「芽」はたしかにこの講義のなかにもみられる。だが、この講義を読んでみると、全体を通じて、当時の若者を捉えつつあった社会主義の思想に対するハイエクの対抗心がときどき見え隠れしていることに気づく。

もっとも、彼は「反社会主義」の論拠をこの講義のなかで十分説得的に論じているわけではない。しかし、社会主義の思想に染まりつつあるLSEの学生たちに念を押すように次のように語りかけている。

さらなる国家的コントロールを避けられないとするこの信念は、たいてい、計画から予想できる利益についての明確な理解にもとづいているというより、ある種の運命論、すなわち

「歴史は決して後戻りしない」という考え――過去二世代の考え方を支配した歴史法則にたいする信仰という別の遺産――にもとづいているということは十分ありうる。しかし重商主義的状況に急速に回帰している時代にあっては、六〇年前に存在していた状況と同様のものに回帰する可能性に反対するこの議論は、おそらくその力を失わざるをえなくなる。より重要なことは次のような事実が認識されつつあることである。すなわち、計画が最終的に勝利することは避けられないとする信念のもう一つの源泉、つまり指揮をとる意思を欠いてはカオスにならざるをえないので意図的に計画することは現状の改善になるという確信は、既存のシステムについてのわれわれの不十分な理解から来ているということである。（前掲『経済学論集』、一一二頁）

甘すぎた評価

現代の学生たちにとって、社会主義の思想が魅力的であった時代を語るのは本当に難しくなった。彼らはベルリンの壁の崩壊のあとに生まれているので、資本主義以外の経済体制を知らないのだ。例外的に「社会主義」を標榜する国はごくわずかに残ってはいるが、政治的自由がなく、「選択の自由」も制限されている国への憧れは皆無に等しいと思う。

だが、歴史を振り返ると、一九一七年、ロシアで十月革命が成功し、ソヴィエト政権が成立したことによって、社会主義が「思考実験」の段階から「実践の場」に移された歴史的事実は変わらない。そして、経済学の世界では、ある論文がきっかけになって、「社会主義のもとで経済計算は可能か?」という論争が始まった。その論文を書いたのが、ハイエクと同じくオーストリア学派の流れを汲むルートヴィヒ・フォン・ミーゼス(一八八一~一九七三)である。

ミーゼスの見解は単純明快であった。社会主義になれば、生産手段の私有が認められないので、合理的な経済計算はできなくなる、と(「社会主義社会における経済計算」一九二〇年)。ベルリンの壁の崩壊のあとに生まれ、現在、学生生活を送っている人たちには、ミーゼスの見解はあまりにも当たり前で、この論文がきっかけで大きな論争が巻き起こったと聞いても信じられないだろう。私も、この論争を詳細に紹介しても、得るところは少ないと思う。

だが、当時の知的雰囲気を知ってもらうために、やはり次のことだけは言っておかねばならない。社会主義の思想に惹《ひ》かれたのは、左翼の運動家や労働者たちばかりではない。理論経済学の最先端を担っていた研究者でさえも、社会主義の理想には共感する者が少なくなかった。しかし、カール・ハインリヒ・マルクス(一八一八~八三)の『資本論』は、資本主義崩壊の客観的論理は提示していたとしても、社会主義になったとき、どのように経済計画を立案すればよいのかについては何も語っていなかった。

そこで、ポーランド出身で一九三〇年代はアメリカで経済理論家として活躍していたオスカー・ランゲは、レオン・ワルラス（一八三四〜一九一〇）の一般均衡理論を応用するアイデアを提示したのである（「社会主義の経済理論について」一九三六〜三七年）。——たしかに、社会主義になれば生産手段に価格がない。だが、「価格」を「市場価格」だけと考えず、もっと広義に「財の代替比率」として捉えれば、一般化された意味での「価格」機能を有効に活用することができる、と。

初歩的な教科書で紹介される一般均衡理論は、連立方程式体系において未知数と方程式の数が一致することによって「数理的解法」が得られるというものだ。だが、ワルラスは、それとは別に、数理的解法によって得られた均衡価格が市場メカニズムによっても現実に達成されるまでの「模索過程」を構想していた。具体的には、まず「競売人」がある価格を叫ぶ。その価格で需要と供給が等しくなければ、彼は価格を改訂する（たとえば、超過需要があるときは価格を引き上げ、超過供給があるときには価格を引き下げる、というように）。これを彼は需要と供給が一致するまで繰り返し、ついに需給が均等したとき、初めて現実の取引がおこなわれる。

ランゲの提案は、簡単に言えば、ワルラスの「競売人」を「中央計画当局」に置き換え、その当局に特定のルールのもとでの「計算価格」の設定と運用を担わせようというものだった。もっとも、このようなアイデアはランゲの独創ではなく、以前にも、類似のものがヴィルフレド・パレートやエンリコ・バローネによって提示されていた。だが、一九三〇年代のランゲは、もっとも鋭敏な頭脳をもった理論家の一人として名を成していたので、少なからぬ一流の経済学者がランゲを支持したのである。シュンペーターでさえ、この問題は、パレート＝バローネ＝ランゲの路線ですでに「決着済み」として次のように断言している。

社会主義の純粋理論に関してはなんらの誤りも存しない。しかもこのことは明々白々たる事実なのであるから、もしこのことが今日にいたるまで否定されてきたという事実や、正統派社会主義者たちが、すぐれてブルジョア的な見解と共感とをもった経済学者から問題の所在を指摘されるまで、これに対して科学的要件にかなうほどの解答を用意しえなかったというような、いっそう不思議な事実がなかったならば、あえて私がこのことを取り立てて強調しようという気持ちになることはなかったであろう。（『資本主義・社会主義・民主主義』中巻、中山伊知郎・東畑精一訳、東洋経済新報社、一九六二年、三一三頁）

現時点では、シュンペーターの評価が甘すぎたことは、ほぼ定説になっていると言ってもよい。ハイエクやロビンズは、経済計画のために何百本もの方程式を立てて、それを解いていくのは実際には無理を伴うと反論したが、ランゲは、その問題はいずれコンピューターの発展によって解決されるといって取り合わなかった。しかし、その後のコンピューターの発展は著《いちじる》しかったものの、中央計画当局が経済計画を滞《とどこお》りなく成し遂げるのは困難をきわめた。旧ソ連をはじめとする社会主義諸国がランゲの構想通りに経済計画を立案しなかったという反論はあり得るが、今日ではむしろランゲが気づかなかった問題があったと考えるのがふつうである。

ミーゼスは自説を曲げなかった

その問題は、のちにハイエクの知識論を取り上げるときに紹介するが、いま私の頭をよぎるのは、論争の火ぶたを切ったミーゼスが、シュンペーターその他の一流経済学者たちによって長いあいだ貶《おとし》められてきたにもかかわらず、その後も自説の正しさを主張し続けたことである。「不屈の精神」と呼びたいくらいである。一九七九年に『経済政策——現在と未来のための思考』(*Economic Policy: Thoughts for Today and Tomorrow*)と題するミーゼス入門と言うべき小さな本が出版されたが、それを読むと、頑固一徹なミーゼスの「叫び」が聞こえてくるかのようだ(その頃はすでにミーゼスは鬼籍に入っていた。邦題は内容を考慮して『自由への決断』となっている)。

私がここで論じている問題は、社会主義にはない資本主義的経済計算という根本的論点であります。それは、経済計算、したがってすべての科学技術による計画は、消費財のみならず生産要素の貨幣価格があってはじめて可能であるということです。つまり、すべての原料や、すべての半製品や、すべての道具や機械や、すべての種類の人間労働や人的サービスに対する市場がなければならないということであります。

この事実が発見されたとき、社会主義者たちは、これにどう対応してよいかわかりませんでした。一五〇年間、彼らは「この世の中の諸悪の根源は市場と市場価格である。われわれは市場を廃したいし、もちろん、それとともに市場経済を廃し、価格や市場のない体制に変えたいのだ」と言い続けてきました。彼らは、マルクスのいわゆる商品や労働の「商品性」を廃したかったのです。

この新しい問題に直面したとき、社会主義の著述家たちは答えるすべを知らず、ついにこう言いました。「われわれは市場を全廃しようというのではない。市場が存在しているものと仮想するのだ。われわれは子供が学校ゴッコをするように市場ゴッコをするのだ」と。しかし、子供が学校ゴッコをしても、それから何も学べるわけではなくて、運動やゲームにすぎず、また、何のゴッコ遊びでもやろうと思えばできます。(『自由への決断――今日と明日を思索するミーゼスの経済学』村田稔雄訳、広文社、一九八〇年、五六～五七頁)

ミーゼスは生涯を通じて反社会主義の立場を貫いたし、本書でものちに彼の見解をもっと詳しくみていくことになると思うけれども、ミーゼスの仕事がそれに尽きているわけではない。彼の出世作は『貨幣および流通手段の理論』（一九一二年、第二版は一九二四年）だが、この本は、当時、景気循環理論の分類学的大作『好況と不況』（一九三七年、のちに増補版が一九四三年と一九四六年に出ている）を書いたゴットフリート・ハーバラーによって、「（貨幣的）過剰投資論」のなかに分類されている。ミーゼスの『貨幣および流通手段の理論』の刊行は、図らずも、シュンペーターの『経済発展の理論』の刊行と同じ年だったが、この頃は、さまざま景気循環論が乱立しており、ミーゼスもその問題に取り組んだ経済学者の一人だったことがわかる。だが、シュンペーターの『経済発展の理論』が彼のライフワークにつながっていると言っても許されるが、ミーゼスの場合はそう単純にはいかない。

何が言いたかったか

ミーゼスは、ハイエクやシュンペーターと同じように、ウィーン大学に学び、一九〇六年に法学博士号を取得しているが、『貨幣および流通手段の理論』を書いたあと、ウィーン大学の「私講師」にはなったものの、教授にまで昇進することはなかった。私は、大学よりはミーゼスにとってむしろ非常に充実していたのは、ウィーンの商工会議所に勤務していた頃（一九〇九～三四年）ではなかったかと思う。前に触れた「社会主義社会における経済計算」が書かれたのもこの時期だし、商工会議所の執務室で始めた私的ゼミナールにハイエクなどの俊英が参加し、相互に刺激し合ったのもこの時期だからである（私的ゼミナールは一九二〇年から三四年まで続いた）。ミーゼスは、一九二七年、オーストリア景気循環研究所の開設にもかかわったが、ミーゼス夫人となったマルギットの回想によると、ミーゼスはハイエクのことをとても可愛がっていたようだ。

ハイエクはウィーンでルー〔ミーゼスを指す〕に学んだ者の中で誰よりもルーの教えに近い見解をとり、著述を続けた学者である。年月を経るにつれて、ハイエクとルーは、大の親友となったが、それは彼らがお互いに同じような確信を持っていた当然の結果だった。後になって一九六二年にハイエクがドイツのフライブルク大学へ行くためシカゴ大学から退職したとき、ハイエクのために催された宴会にルーが招かれた。彼は出席できなかったが、祝辞を書き送った。それはハイエクを高く評価したものであると同時に、ルーがいかに控え目で謙虚であるかをよく表わしていると思う。ハイエク教授が私に語ったところによると、このスピーチは会場で読まれず、ハイエクのところへも届けられなかったという。どうしてそうなったか、私にはわからない。（マルギット・フォン・ミーゼス『ミーゼスの栄光・孤独・

愛』村田稔雄訳、日本経済評論社、二〇〇一年、九一頁。〔 〕内は引用者が補った）

一九二二年、ミーゼスは、ハイエクにも大きな影響を与えた『共同経済』（*Die Gemeinwirtschaft*）という大著を書いたが、のちに英訳（*Socialism: An Economic and Sociological Analysis*, first published 1951, new edition enlarged with an epilogue, 1962）も出しているので、英米の読者でも簡単に読むことはできる。だが、正直にいって、この本を読むのは少々退屈かもしれない。英語圏の読者なら、ハイエクの『隷属への道』（一九四四年）か、ミルトン・フリードマン（一九一二～二〇〇六）の『資本主義と自由』（一九六二年）を読んだほうがまだ「モダン」な感想をもつに違いない。もちろん、「退屈」というだけではミーゼスに対して公正に欠けるので補足すると、あえてそう言ったのは、彼の社会主義への対抗姿勢が強すぎて、ほとんど大昔の自由放任哲学の講義を聴いているような感じになるからである。ミーゼスの言いたいことは、ほとんど一つのテーマのヴァリエーションなのである。たとえば、いくつか抜粋してみる（Mises, *Socialism*, pp. 525–526）。

この時代の独裁者、戦争、および革命の特徴は、まさにその反資本主義的な先入観である。多くの政府と政党は、しきりに民間の自発性と自由企業の領域を制限しようとしている。もうほとんど疑われることもないドグマになっているが、それによれば、資本主義は役割を終えており、来るべき経済活動の包括的な組織化が不可避でもあり極めて望ましくもあるのだと。

（中略）

たしかに、生活水準が生産手段の私有原理に則った諸国で改善しつつあるというのは、政府、政治家、および労働組合の幹部の手柄にはならない。国の省庁や官僚ではなく、大企業のおかげで、アメリカ合衆国における多くの家庭が自動車やラジオを所有しているという事実があるのである。アメリカにおける一人当たり消費の増大は、四半世紀前の状況と比較してみると、法律や行政命令によって達成されたものではない。それはビジネスマンが達成したもので、彼らが工場の規模を拡大し、新しい工場を建設したのである。

（中略）

一つのドグマがほとんど確固たるものになっている。そのドグマによれば、国家や政府は正しいものすべてを具体化している。そして、個人は哀れな従僕であり、もっぱらお互いに損害を負わせることに懸命で、ひどく保護者を必要としているというのだ。それをほんの少しでも疑うことはタブーとなっている。国家の神聖さとその指導的地位にある官僚の無謬《むびゅう》性を称賛する人は、社会科学の公明正大な学徒と見なされている。それに異議を唱える人はすべて、偏向しており狭量であるという烙印を押される。国家崇拝という新しい宗教の支持者たちは、アフリカやスペインを征服したイスラム教徒たちと同じくらい狂信的で不寛容である。

右は、大著『社会主義』のほんの二頁に書かれていることから抜粋しただけだが、少々大胆に言えば、全体を通じてこの内容のヴァリエーションが続くのである。もちろん、これは極論であり、のちにもこの大著に何度か触れることになるだろうが、私が前もって強調したいのは、『社会主義』は決してミーゼスの最良の仕事ではなく、『ヒューマン・アクション』(初版一九四九年)というもっと重要な著作が控えていることである。

ナチス台頭の影響

この本は、オーストリア学派の創設者カール・メンガー(一八四〇〜一九二一)の方法論的個人主義の流れをくむ「人間行為学」の宣言書であり、のちの「ネオ・オーストリアン」(第二次大戦後、アメリカでオーストリア学派を受け継いだ人たち)に大きな影響を与えた傑作である。だが、これはミーゼスがアメリカ亡命後に完成したものであり、渡米するまではまだいろいろな出来事があった。

一つの大きな動きは、ドイツのナチズムの影響がオーストリアの首都ウィーンにも及ぶようになり、しまいには、ドイツによるオーストリア併合（一九三八年三月一三日）につながったことである。ミーゼスは、その数年前から、ジュネーヴの国際高等研究所の教授（一九三四～四〇年）をつとめていたので、ジュネーヴとウィーンのあいだを行き来していたのだが、だんだんマルギットから不穏な動きが伝えられるようになった。ミーゼスはユダヤ系だったのだ。

ドイツ軍がオーストリアへ進駐したとき、私は「スベテヘイセイ、クルニオヨバズ。」とルーに意味不明な電報を打った。彼にとってどんなに危険な情勢になったか知らないのではないかと思ったからである。ナチスがウィーンに進入した夜、ルーが母と住んでいたアパートになだれ込んで、彼の貴重な蔵書、著作物、文書など重要と思われる物はすべて没収し、三十八梱包にして車で運び去った。さらに悪いことに、ルーはロシアのブラック・リストにも載っていた。ルーの著作物は、ナチス、コミュニスト、ファシスト、それに後で私が気が付いたがアメリカの社会主義など、あらゆる種類の社会主義者から憎まれていた。ルーがウィーンに帰ることは不可能であっただろう。彼は用心深い電文で、ギッタと私に出来るだけ早くジュネーヴへ来るように求めてきた。（前掲『ミーゼスの栄光・孤独・愛』、六九頁）

ミーゼスは、一九四〇年、家族とともに結局はアメリカに亡命することになるのだが、その後の歴史を知っている私たちは、この時代のヨーロッパの学者や芸術家たちがナチスの脅威を過小評価していたことに驚きを禁じ得ない。彼らのヨーロッパへの執着は、私たちの想像を超えている。

たとえば、私の大好きなベルリン出身の名指揮者ブルーノ・ワルター（一八七六〜一九六二）は、ドイツから移住したウィーンでも国立歌劇場やウィーン・フィルハーモニー管弦楽団の公演で人気を博していたが、オーストリアがナチスの手に落ちると、いったんスイスのルガーノに逃れた。しかし、信じがたいことに次にフランスのパリを拠点にしようとしたものの、パリも安全ではなくなり、一九三九年にはアメリカに逃れた。パリは、ご承知のように、一九四〇年、ナチスの侵攻に耐え切れずまもなく陥落してしまうのだが、スイスのルガーノからフランスのパリへの移住計画は、多少の政治的センスをもっていた者ならふつう避けるのではないだろうか。それでも、あえてそうしたのは、やはりヨーロッパを捨てがたい想いがあったからとしか考えられない。

こんなことを書くのも、ミーゼスも、フランスがナチス・ドイツに簡単に敗れるとは少しも予想しておらず、土壇場までジュネーヴを離れようとしなかったからである。マルギットの回想は、それを裏書きするものである。

ナチスからの脅威が増大しているにもかかわらず、ルーは以前よりもずっとよく仕事に励んだ。机に向かうと、思索に没頭することによって周囲の出来事を忘れることができた。彼は、ジュネーヴや教育の自由やラパードが大学院に生み出している雰囲気や、他の教授との強固な友好関係を愛した。彼はまだ将来に不安を抱いておらず、フランス軍が戦えばドイツ軍の攻撃に抵抗できると信じ、ヒトラーの敗北は時間の問題にすぎないと考えていたのである。彼は「千年王国」を決して信じなかった。フランスの士気と戦闘力に対するルーの判断は、私が知る限りにおいて、彼が犯した唯一の政治的判断の誤りだった。（前掲『ミーゼスの栄光・孤独・愛』、九八〜九九頁）

一九四〇年、アメリカへの亡命を果たしたミーゼスは、いくらか苦心の末、一九四五年、ニューヨーク大学経営大学院客員教授の職を得た（ミーゼスは、結局、一九六九年までその職にとどまった）。だが、周囲が彼を見る目は必ずしも温かいとは言えなかった。アメリカは、一九三〇年代に大恐慌を経験し、戦後はその教訓に学んで、自由放任主義とは決別しようとしていた。もっとも、自由放任主義のイデオロギーはその後も根強くアメリカの一部に生き残ったが、政府介入を一切認めない経済哲学を説くように思われていたミーゼスがそれほど歓迎されなかったとしても不思議ではない。

だが、ニューヨーク大学時代は、ミーゼスにとって結果的に実り多い日々となった。第一に、数年後には、畢生《ひっせい》の大作『ヒューマン・アクション』を完成することができた。もちろん、この本のもとになったのは、一九四〇年にドイツ語で出版された『国民経済』だが、出来上がった本は単なる増補版以上のものだったので、これをミーゼスの主著とみなしても許されると思う。第二に、一九四八年から六九年まで、ニューヨーク大学でゼミナールを開催し、イスラエル・M・カーズナー（一九三〇〜）を初めとして多くの弟子たちを養成した。彼らは、「ネオ・オーストリアン」と呼ばれたが、アメリカの経済学界の主流ではなかったものの、一九八〇年代にアメリカの保守主義が復活したとき、図らずも、それを援護射撃するような役割を演じた。この点については、いずれまた触れることがあるだろう。

ハイエクの回想から

ハイエクに戻ろう。彼もウィーン大学に学び、法学と政治学の学位（一九二一年と二三年）を取得しているが、経済学を学ぼうと思ったのは、第一次世界大戦でオーストリア＝ハンガリー軍に従軍していたときだった。彼は次のように回想している。

決定的な影響は実際、第一次世界大戦、特にオーストリア＝ハンガリー軍という多国籍軍に従軍した経験でした。この時私は、要するに、大帝国がナショナリズムの問題のために崩壊するのを見たのです。私の従軍した戦場では、一一の異なる言語が話されていました。このことは必然的に、人の注意を政治組織の諸問題へと向けさせます。

私が経済学をやろうと一応でも決めたのは、イタリアでの軍隊生活の間でした。しかし〔カール・〕メンガーの『経済学原理』を見つけた時は、夢中になってしまいました。実に魅惑的で満足を与えてくれる本です。その時でさえ私は、経済学をやることができるようになるために〔ウィーンに〕戻ってきて、法学を学んだのです。それでも私は、経済学と心理学とに同じほど興味をもっていました。ついには、自分が興味をもっている複数のものの中からどれかを選ばねばならなくなりました。少なくとも経済学は、〔大学の〕学位によって正式な正統性を与えられていましたが、心理学〔に関する学位〕は何もありませんでした。そして〔心理学で〕職につく機会もないので、経済学にしようと決めたのです。（スティーヴン・クレスゲ、ライフ・ウェナー編『ハイエク、ハイエクを語る』嶋津格訳、名古屋大学出版会、二〇〇〇年、一八〜一九頁）

ハイエクが経済学か心理学かで迷ったというのは、一般の読者には意外かもしれないが、彼には『感覚秩序』（一九五二年）という著書もあり、決して心理学を「趣味」で学ぼうとしたのではなかった。だが、今日、私たちは彼のことを「心理学者」と呼ぶことはない。やはり「経済学者」か「社会哲学者」（または「社会思想家」）と呼ぶほうがふつうだろう。それは、いくつかの社会学の論文を書いているからといって、シュンペーターを「社会学者」とは呼ばないのと同じである。

ところで、ハイエクはミーゼスの「弟子」のように語られることがあるが、もっとも緩い意味ではたしかにそうかもしれない。だが、正確には、ミーゼスはハイエクにとって「恩人」と言うべきだろう。なぜなら、ハイエクを引き立て、新しい職（オーストリア景気循環研究所の仕事）を与えたのはミーゼスだったからだ。ハイエクの回想にはこうある。

ここでルートヴィヒ・フォン・ミーゼスとの不思議な関係について、少し語らねばならない。私は後に多分他の誰からよりも多くを彼から学んだが、普通の意味で彼が私の先生であったことは一度もないのである。正規の学生だったころ、私は彼の授業に一度だけ出たが、彼が好きにはなれなかったと記憶している。はっきりと覚えているのは、一九二一年に彼が責任者の一人であった政府の役所に職を得るためにミーゼスを訪ねた時のことだけである。

私のことを将来性のある若い世代の経済学徒だと述べたヴィーザーからの懇切な紹介状を、私は携えていたが、ミーゼスが私のことをまったく知らなかったのは確かである。彼は、大学では一度も見たことのないこの就職応募者に、丁重だが懐疑的な態度で接し（そして採用し）たのである。（中略）

オーストリア景気循環研究所の創設もまた、ミーゼスのおかげであった。私の信じるところでは、彼ははじめ私を、自分が中心的役職を得ていた商務省（彼の目的は、自分の下にそこに経済調査局を作ることにあったのだが）の中で研究助手のようなものにしようとして失敗し、その後でこの研究所を、私に機会を与えることを大きな目的として考案したのである。（中略）

この機関のアイデアは、私がミーゼスに、アメリカで見てきた経済調査のことを話していた会話の中から出てきたのであり、いろいろな準備文書や組織の詳細についての作文は私に任されたが、様々の政府の役職者や経済団体などを説得して基金を出させ、私を責任者にしたのは、彼であった。〔その機関が〕（一九二七年一月一日に）設立されると、ミーゼスは必要な援助をすべて私に与え続けたが、実際の活動は完全に私の自由にしてくれたのである。

（前掲『ハイエク、ハイエクを語る』、五三〜五五頁）

ハイエクは、景気循環研究所の仕事を誠実にこなしたが、次に飛躍するチャンスは意外に早くやってきた。この章の冒頭で触れたように、一九三一年、LSEで景気循環理論についての連続講義をおこない、その高評によってその大学のスタッフに迎え入れられることになったのである。

景気循環理論についての連続講義

当時LSEの若き教授であったライオネル・ロビンズは、オーストリア学派のドイツ語文献を丹念に読んでいたので、ミーゼスやハイエクには早くから注目していた。ハイエクの連続講義の内容は、英語で書かれた『価格と生産』(一九三一年)にまとめられたものと本質的に同じだが、この本は、「自然利子率」と「市場利子率」の区別を経済分析に導入したスウェーデンの経済学者クヌート・ヴィクセル(「累積過程」論で知られた)と、オーストリア学派の迂回生産論を組み合わせることによって、ミーゼスの『貨幣および流通手段の理論』よりも英米圏で大きな反響を呼ぶことに成功した。

自然利子率とは、投資と貯蓄を等しくする利子率であり、投資の限界収益率を反映するものだと考えてよい。他方、市場利子率は、銀行組織が設定する利子率のことである。もしイノベーションによって投資の限界収益率が高まり、自然利子率が市場利子率よりも高くなれば、投資をするのが有利となるので、投資>貯蓄となるが、ヴィクセルは完全雇用を仮定したので、その影響は物価の上昇となって表れる。物価の上昇は、自然利子率が市場利子率よりも高い限り、累積的に続くだろう。これがヴィクセルの「累積過程」であった(『利子と価格』一八九八年)。ヴィクセルの理論は、ジョン・メイナード・ケインズ(一八八三〜一九四六)の『貨幣論』(一九三〇年)にも影響を与えたという点で、北欧の経済学者がメジャーな経済学界に認められた初めての例かもしれない。

ハイエクは、ヴィクセル理論に巧妙にオーストリア学派の迂回生産論を挿入した(ハイエクの景気循環論の詳細については、ハーバラーの前掲書や、ノーマン・P・バリー『ハイエクの社会・経済哲学』矢島鈞次訳、春秋社、一九八四年などを参照)。銀行の信用創造によって市場利子率が自然利子率よりも低くなると、自発的貯蓄によって賄《まかな》えるよりも多くの投資資金が提供されることによって、資本家はより迂回的な(生産期間を長期化させる)生産方法を採用するようになるだろう。だが、投資が自発的貯蓄によって賄われるのと違って、銀行の信用創造によって賄われる場合には、固有の問題が発生する、と。

つまりこういうことである。自発的貯蓄の増加とは、人々の時間選好が変化し、より少ない消費を選好するようになったことを意味するので、無理のない迂回生産が維持される。ところが、銀行の信用創造によって迂回的な生産方法が採られると、人々の時間選好に変化はないので、消費は減少せず、迂回生産によって獲得された所得の増加が消費財の需要に向かうにつれて、利用できる消費財は少なくなっていく（ハイエクは、完全雇用を仮定しているので、投資財の生産の増加は消費財の供給の減少を伴い、両方を同時に増加させることはできない）。ここで、もし消費財の需要増大を満たすために投資財の増産を中止したり、銀行が信用の提供を止めたりすることがあれば、とたんに迂回生産が維持できなくなり、恐慌が発生するだろう。

それゆえ、恐慌は、銀行の信用拡大によって自発的貯蓄が賄えるよりも多量の投資を進め過ぎたがゆえに生じるのであり、事態をさらに悪化させないためには、信用を引き締め、自発的貯蓄を増加させなければならない、ということになる。このような処方箋は、今日の常識とは著しく異なる。恐慌のときに貯蓄を増やし信用を引き締めたら、その恐慌をさらに悪化させ、事態が収拾できなくなる可能性があると考えるが、このような思考法はケインズ革命以後に普及したものだから、一九三一年の時点ではまだ常識ではなかった。その証拠に、ハイエクの理論は、ＬＳＥのスタッフや若手研究者たちを魅了したばかりでなく、戦前のわが国の学界にも関心をもつ研究者が少なくなかったのである。だが、京都大学で現代経済思想を教えていたとき、ハイエクが本当にそんなことを言ったのか、訝《いぶか》る学生もいた。それはたしかにハイエクの『価格と生産』のなかにあるので、次の文章を読んでみてほしい。

したがって、現実の危機時からそれに続く恐慌の状況へと進んだ場合に、信用拡張の結果、どういった有益な永続的効果が発生しうるのかを理解するのは一層困難である。健全な諸条件を確保するために必要とされることは、自発的貯蓄と自発的支出によって決定されるような消費財需要と生産財需要との間の比率に対して、生産構造が可能なかぎり最も迅速かつ完全に適応することである。もし個々人の自発的な決定によって決められる比率が人為的な需要の創出によって歪められてしまうならば、このことは、利用可能な資源の一部が再び誤った方向へ導かれて、ある一定の永続的な調整が再び延期されてしまうことを意味することになる。そして、たとえ未使用資源の吸収がこのようにして早められたとしても、そのことは、まさしく新たな攪乱と新たな恐慌の種がすでに蒔かれたことを意味するだけであろう。したがって、すべての利用可能な資源を永続的に「動員する（mobilise）」唯一の方法は、――恐慌の最中であれ、その後であれ――人為的な刺激剤を使用することではなく、時の流れに任せて、資本として利用できる手段に生産構造を適応させるというゆっくりした過程を通じて、恒久的な治療を施すことである。（『ハイエク全集1　貨幣理論と景気循環　価格と生産』古賀勝次郎ほか訳、春秋社、一九八八年、二〇二頁）

ケインズ革命とハイエクの変化

ハイエクは、ウィーンから LSE に快く迎えられた上に、ロビンズとともに LSE の経済学を世界的な水準に引き上げるという重責を担うことになったのだから、幸運であったと言ってもよい。だが、一九三〇年代は、やがて大不況を背景にケインズの『雇用・利子および貨幣の一般理論』が登場し、彼の「有効需要の原理」がハイエク理論を過去の遺物にしていった時期でもあった。ハイエクは、ケインズの『貨幣論』に対する書評論文で詳しく批判を展開したが、その後、ケインズから「自分はいまや考えを変えて新しい本を書いている」という趣旨のことを言われた経験があるので、『一般理論』に関して詳しい論評をすることは控えたらしい。だが、『一般理論』は、簡単に無視してはならない本だった。なぜなら、『一般理論』は、一〇年のうちに人々の経済学の思考法を変革したという意味で、真の「革命」の書だったからだ。

ロビンズは、当時はオーストリア学派の影響を強く受けていたので、ハイエク理論に忠実に雇用対策としての公共投資に反対し、「反ケインズ」の立場を鮮明にしたが、第二次世界大戦後、一九三〇年代にケインズの政策提言に反対したのは誤りであったと率直に認めている（詳しくは、拙著『現代イギリス経済学の群像——正統から異端へ』岩波書店、一九八九年を参照のこと）。ハイエクのように完全雇用から出発するのではなく、労働者が大量に失業し生産設備が遊休している現実に即してモデルをつくるならば、有効需要が不足しているがゆえに「非自発的失業」が生じるというケインズ理論のほうがリアリティがあった。ハイエク＝ロビンズの連合軍は、雇用理論に関する限り、客観的にみれば、ケインズの『一般理論』の前に敗北を喫したのである。

経済学界がケインズ革命が巻き起こした渦《うず》のなかにあった頃、ハイエクは理論的な仕事をしなかったわけではないが（たとえば、『資本の純粋理論』一九四一年）、むしろ「経済学と知識」（一九三七年）と題する論文のような後期ハイエクにつながる仕事に徐々に舵を切り始めたことに注目したい。一九三七年と言えば、まだジョン・リチャード・ヒックス（一九〇四〜八九）の名著『価値と資本』（初版は一九三九年）が完成する前で、一般均衡理論がイギリスの土壌に根づいていなかった頃だが、ハイエクはすでにその段階で、均衡分析が均衡が達成されるまでの「プロセス」（知識が獲得されていくプロセスでもある）ではなく、もっぱら「均衡状態」に関心を集中していることに異議を唱えている。この論点は、のちのネオ・オーストリアンに大きな影響を及ぼしたので、ハイエクの主張をもう少し聞いてみよう。

通常の均衡分析においては、このどのようにして均衡が達成されるかという問題は、あたかも解決ずみのごとく見えるように提示されるのが普通である。しかしながらなおよく検討してみると、これらの外見上の論証はあらかじめ想定されているものを見せかけの上で証明すること以上の何ものでもないことがただちに明瞭になる。これらの問題を解決するために一般に採用される工夫は完全市場の想定であり、そこではどのような出来事もすべての成員に瞬時的に知られることになっている。ここで記憶しておくべきことは、均衡分析の諸想定を満足させるために必要とされる完全市場は、すべての個々の商品についての特定の市場に限定されるものであってはならず、全経済体制が、そこでは誰もがすべてを知っている一つの完全市場であると想定されなければならないことである。したがって完全市場の想定は、その共同体の全構成員が、たとえ厳密な意味で全知であるとされていなくとも、少なくとも自分たちの決定に関連を持つすべてのことを自動的に知ると想定されていることを意味するのである。我々が祈りと断食とともに追い払ってしまった食器棚の中の骸骨、すなわち「経済人」が、裏口から半ば全知の個人の形をとって戻って来たかのように思われる。

もし人々がすべてを知るならば彼らは均衡状態にあるという所説が真であるのは、単にこれが我々が均衡を定義する仕方であるからにすぎない。この意味における完全市場の想定は均衡が存在するということを他の一つの言い方で表現したものにすぎないのであって、これではいつ、どのようにしてこの均衡状態が生じるかについての説明に幾分でも近づくことにはならない。もし我々がある条件の下で人々は均衡状態に近づくであろうと主張しようとするのであれば、我々は人々がどのような過程によって必要な知識を獲得するのかを説明しなければならないことは明らかである。もちろんこの過程における実際の知識の獲得に関して立てられるどのような想定もまた仮説的な性格を持つであろう。しかしこのことはすべてのこの種の想定が同等に正当化されることを意味しはしない。ここで我々は因果関係に関する想定を取り扱わなければならない。したがって我々が想定することは単に可能であるとみられなければならないばかりでなく（もし我々が人を全知であると想定するならば、それは明らかにこの事例に当てはまらない）真実であり得るともみられなければならない。そしてそれが特定の事例において真実であることを証明することは、少なくとも原理的には可能なのである。（『ハイエク全集3　個人主義と経済秩序』嘉治元郎・嘉治佐代訳、春秋社、一九九〇年、六〇～六一頁）

「先験主義」に反省を促す

ハイエクの一九三七年の論文が重要なのは、彼がそれをミーゼスの「先験主義」に反省を促す意図をもって書いたと回想しているからである。ミーゼスの「先験主義」は、大著『ヒューマン・アクション』における「人間行為学」を検討してからでないとわかりにくいので、ここでは、そのあらましだけを記しておこう（ミーゼスの人間行為学については、越後和典『新オーストリア学派の思想と理論』ミネルヴァ書房、二〇〇三年、第二章が参考になる)。

ミーゼスの人間行為学は、「人間は行為する」という命題から出発するが、もっと言うと「行為」する前には、何らかの目的を選択し、それを達成するために妥当な手段を講じるという判断がある。そのような「目的」と「手段」の関係は、個人が主観的に認識するものであり、決して客観的なものとして表現することはできない。それゆえ、「個人は行為する」という命題から演繹《えんえき》された命題はすべて、推論に誤りがなければ「真」であり、それを経験や事実にもとづいて「検証」したり「反証」したりすることはできないというのだ。

実は、ミーゼスの「先験主義」は、ネオ・オーストリアンのあいだでも評価が分かれているのだが、ハイエクの「経済学と知識」という論文は、ミーゼスの先験主義を経済学の全体に適用するのは誤りだと理解してもらうために書いたというのだ。

ハイエクの回想にこうある。「その論文は、ミーゼスが市場の理論はア・プリオリ〔先験的に真〕だとしているのは間違いだ、ということを彼自身にわかってもらおうとして書いたものなのです。ア・プリオリなのは個人の行為の論理だけであって、それから多数の人間の相互関係へと進む瞬間に、あなたは経験的領域に入ることになる、ということをです。ミーゼスは弟子たちによるどんな批判にもひどく憤慨する人で、マッハループともハーバラーとも、彼を批判したというので一時的に不仲になったことがありますが、不思議なことに私の批判を静かに受けとめ、あたかもそれが彼自身の見解に対する批判であることに気づかないかのようにして、その掲載論文を積極評価することさえしたのです。どうしてなのか、私には説明できません」（前掲『ハイエク、ハイエクを語る』、六〇頁）。

ハイエクの言うことは、主体的均衡（効用最大化や利潤最大化）と市場均衡の区別を知っている私たちには理解しやすいが、もう少しミーゼスに好意的な弟子はいないものだろうか。そう疑問に思っていたら、ニューヨーク時代の愛弟子カーズナーがいたことに気づいた。カーズナーは、一般の理解と違って、ミーゼスは極端な先験主義者ではなかったと反論している（イスラエル・M・カーズナー『ルートヴィヒ・フォン・ミーゼス——生涯とその思想』尾近裕幸訳、春秋社、二〇一三年、一〇三〜一〇四頁）。「目的をもった行為者としての人間」という命題は理解できる。しかし、自分以外の他人もそうであることをどのように知りうるのか、とミーゼスに直接質《ただ》したら、「観察によって他人の存在に気づく」という答えが返ってきたらしい。カーズナーは、意外に師匠思いで、次のようにフォローしている。

このミーゼスの口頭での答えを真面目に受け止めるならば、彼の先験主義はこれまで考えられてきたほどに極端ではないということになるだろう。経済を思索する者が、自室を離れることなく市場社会で何が起こっているか説明できるとはミーゼスはいわない。間違いなくミーゼスは、観察という経験を通じてだけ、市場社会が目的をもって行動する人々からできあがっていることを確証する。しかし、ミーゼスによれば、一度そうした観察という経験に基づいて、社会は目的をもつ人々からできていると私たちが確信すれば、それ以降は、演繹による推論によって経済学の核心をなす（目的をもつ合理的な人間という根本概念の含意の内省的な理解を基礎とする）一連の経済理論を展開してゆくことができる。（前掲『ルートヴィヒ・フォン・ミーゼス』、一〇四頁）

ミーゼスのテキストに忠実とは言えないかもしれないが、「原理主義者」ではないカーズナーにはこのような理解があっていたのだろうし、私もそれで構わないと思う。要は、同じオーストリア学派の流れを汲んでいても、この段階では、ミーゼスとハイエクでは経済学的思考法が少しばかり違っていたことを押さえておけばよい。

シュンペーターとオーストリア学派

さて、一番のスターを最後にしてしまったが、ミーゼスやハイエクが束《たば》になっても人気では決して敵わないのが企業家の「イノベーション」や「創造的破壊」という言葉で有名なシュンペーターである。シュンペーターもウィーン大学に学び、一九〇六年、同大学の法学博士の学位を取得している点では似たような学歴ではあるが、彼をオーストリア学派の典型的な申し子と考えることはできない。もちろん、のちに触れるように、彼もオーストリア学派の遺産を一部採り入れているが、彼が初期に夢中になったのは、ローザンヌ学派の創設者レオン・ワルラスの一般均衡理論であった。

当時、ドイツ語圏でワルラスの「純粋経済学」（完全競争を仮定したときの価格決定理論）や一般均衡理論の理解者は少なかった。シュンペーターはその数少ない例外の一人だったが、それをいち早く吸収した彼は、一般均衡理論をアレンジし、みずからの『経済発展の理論』の基礎である「静態」を構想した。

ワルラスの一般均衡理論は、経済体系の相互依存関係を連立方程式の形で提示し、方程式と未知数の数が一致することを確認して数理的解法が得られるという思考法をとっていた。たとえば、生産の一般均衡では、①生産用役の需給均等、②生産物の需給均等、③価格と生産費の均等が同時に成り立っていなければならないが、留意すべきは、①から③の連立方程式体系で方程式と未知数の数の一致を確認して均衡解を求める方法は、時間の要素を含まないという意味で「静学」理論と呼ばれることである。

シュンペーターは、誰よりもワルラスの一般均衡理論が「純粋経済学」の確立に貢献したことを高く評価していたが、「静学」理論だけでは時間を通じて変化する資本主義の「動態」に切り込むことはできない。そこで、彼は、まず「静学」理論によって決まったすべての経済数量が年々歳々繰り返されるという意味での「静態」を構想した。これは、偉大な経済学者の名前を挙げれば、フランソワ・ケネーの『経済表』の世界でもあり、マルクスの「単純再生産」の世界でもあった。シュンペーターの『経済発展の理論』は、「発展」の根本現象を解明しようとしているわけだが、その前に、「発展」への契機が欠落している「静態」を構想したのである。

「静態」を破壊して「動態」を始動させるのは、よく知られているように、企業家のイノベーションの遂行だが、「動態」の具体的な内容は第三章の検討に委ねる。ここでは、「静態」の世界がどんなものなのかをもっと詳しく理解することに集中したい。というのは、『経済発展の理論』の第二章「経済発展の根本現象」を拾い読みし、そこで描かれた英雄的な企業家像に心酔する経済人は多いのだが、「動態」の前に「静態」の基礎がなければそもそも「発展理論」を体系的に提示することができないからだ。そして、その「基礎」には、シュンペーターがオーストリア学派から学んだ理論の一部が使われていることに注目したい。

「静学」から「静態」へ

『経済発展の理論』の第一章は、「一定条件に制約された経済の循環」というやや長いタイトルが付けられている。シュンペーターは、経済学の天才三人のうちの一人にフランソワ・ケネーを挙げていたが（あとは、クルノーとワルラス）、ケネーによる「経済循環の発見」は、まさに経済学の創設期を飾る天才の偉業であった。シュンペーターは、ワルラスの一般均衡理論をたしかに絶賛したが、その「静学」理論はそのままでは発展理論の基礎にはならないことに気づいていた。そこで、その「静学」理論の適用範囲を広げるために、一般均衡理論で決まった均衡価格や数量が、ケネーの『経済表』のように、年々歳々繰り返し循環している「静態」を構想した。

だが、その「静態」の世界には、オーストリア学派（とくに、フリードリヒ・フォン・ヴィーザー）に従って、「本源的生産要素」（労働と土地）の所有者、すなわち労働者と地主しか経済主体は存在しないというアレンジを加えていく。「生産された生産手段」あるいは「生産財」は生産要素ではないのかという疑問がすぐに湧くかもしれないが、オーストリア学派の「帰属理論」（生産財の価値は消費財の価値から引き出されるという考え方）では、生産財はいわば「潜在的消費財」のようなものであり、その価値は消費財の価値が「移転」されたものだと捉えるので、生産財は「本源的生産要素」とはみなさないのである。

シュンペーターは、もちろん、目論見があってこのような「静態」を構想したに違いない。それは、イノベーションの遂行を担当する「企業家」と、彼を資金的に援助する「銀行家」を「動態」がまさに始動するその瞬間に登場させることによって、「静態」とは峻別《しゅんべつ》される世界を創り出したかったからにほかならない。しかし、シュンペーターの「動態」の検討は第三章に委ねて、いま少し「静態」の話を続けなければならない。

「静態」の世界には、先に触れたように、本源的生産要素の所有者、つまり労働者と地主という経済主体しか存在しなかった。ということは、生産物価値は、すべて労働者と地主に（賃金と地代として）分配されることになる。「静態」には「企業家」と「銀行家」は不在なので、彼らの所得、利潤と利子は発生し得ない。もっとも、「静態」でも、循環の軌道に従って、あるいは慣行通りに企業を経営している者はいるかもしれない。だが、彼らは「単なる経営管理者」ではあっても、イノベーションの遂行を担当する「企業家」ではない。「企業家」ではない以上、単なる経営管理者は労働者の一部に含まれるとみるべきだろう。シュンペーターの「静態」の描写にオーストリア学派の痕跡が残っていることはあまり強調されないが、『経済発展の理論』の第一章を精読すれば、彼のようなコスモポリタンにも生まれ故郷の痕跡ははっきりと認められるのがわかる。この部分は、決して読み飛ばしてはならない。

かくして流通経済の組織はわれわれには次のように示される。個々の経済はいまや他の人々の必要に対する生産の場所として現われ、一国民の総生産の収益は先ず第一にはこれらの単位の間に「分配」されるのである。しかしこの組織の中にあるものは二つの本源的生産要素の結合という機能のみであって、この機能は各経済期間においていわば機械的にあるいは自動的におこなわれ、そこには監督ないしこれに類するもの以外の人的要素は必要とされない。したがってもし土地用役が私有されていると仮定するならば、あらゆる経済単位の内部には、独占者を別とすれば、なんらかの労働を給付したり土地用役を生産のために提供した人以外には、経済の収益に対して請求権をもつ人は存在しない。この状態のもとにおいてはこれ以外の種類の人々は国民経済に存在しない。ことに生産された生産手段あるいは消費財を所有することを特徴とするような種類の人々は存在しない。われわれはすでにこのような財のストックがどこかに蓄積されているという考えがそもそも誤りであることを見た。これは主として、きわめて多くの生産された生産手段が一連の経済期間にわたって存続するという事実によって惹き起こされた考えである。しかしこの事実の中にはなんら本質的な要因は存在しない。したがってそのような生産手段の使用可能性を一経済期間に限定しても、それは事態の本質を変えるものではない。消費財ストックという考えにはこのような事実の支持すらも存在しない。反対に、一般に消費者は現在の消費に必要な量以上の消費財を保有しない。さらにわれわれが国民経済において見出すものは、いろいろな形態において、またいろいろな生産段階において、成熟に向かいつつある消費財のみである。われわれは財のたえざる流れを見る。また経済のたえず動いている過程を見る。しかしわれわれはその構成分子が一定量にとどまるなんらのストックも、またたえず補充されているなんらのストックも見ない。また経済単位にとっては、それが消費財を生産するか生産手段を生産するかはなんの相違ももたらさない。いずれの場合においても彼はその生産物を同じ方法で売却し、完全な自由競争の前提のもとにおいては、その土地用役および労働用役の価値に相当する報酬を受け取るのであって、それ以上を受け取るのではない。もし一経営の指導者あるいは所有者を企業者と名づけるならば、その企業者は特別の機能も特別の所得ももたない、利益も損失も受けない企業者（entrepreneur faisant ni bénéfice ni perte）であろう。もし生産された生産手段の所有者を「資本家」と名づけるならば、それは他の生産者となんら異なるところのない単なる生産者にすぎず、その生産物を賃金と地代の合計として与えられる生産費以上に販売しえない点においてもまた他の生産者と同様であろう。（『経済発展の理論』上巻、塩野谷祐一・中山伊知郎・東畑精一訳、岩波文庫、一九七七年、一一四〜一一五頁。傍点は引用者）

決して悪くはないスタート

シュンペーターは、このように「静態」の世界を厳密に描写したあと、『経済発展の理論』の第二章から発展理論の具体的な提示をし始めるのだが、若い頃から「神童」の名をほしいままにした彼のアカデミックな経歴はそれほど順風満帆ではなかった。彼は、フロイトやクリムトなどに代表されるような革新的な学問や文化や芸術を生み出した一九世紀末ウィーンの空気を十分に吸って育ち、ウィーン大学でもその輝かしい才能は注目の的であった。しかし、ハプスブルク帝国には、もはや昔日《せきじつ》の力はなく、やがて黄昏《たそがれ》を迎えようとしていた。

私はシュンペーターの若き日のことを語るたびに、シュテファン・ツヴァイクの作品を引いてきた。「古き良き時代」ならミーゼスもハイエクも知っているのではないかと反論されそうだが、彼らには失礼ながらシュンペーターほどの「煌《きら》びやかさ」はない。

「共存共栄」というのが有名なウィーンの原理であり、これはあらゆる定言的命令よりも人間的であると今日もまだ私には思われる。そしてその原理はあらゆる層において、抗し難い確かな地位を占めていた。貧しい者も富める者も、チェコ人もドイツ人も、ユダヤ人もキリスト教徒も、時には愚弄し合うことはあっても平和に共同の生活をし、政治的・社会的な運動すらも、第一次大戦から初めて毒のある残滓《ざんし》として時代の血液循環のなかに入り込んできた、あの恐るべき憎悪というものを含んでいなかった。昔のオーストリアでは、相戦っても騎士らしくやった。新聞や議会で互いに罵り合うことはあっても、彼らのキケロばりの長広舌が終ったあとでは、その同じ代議士たちが親しげにビールやコーヒーをいっしょに飲み、君僕の間柄でつき合うのだった。リューガーが反ユダヤ主義の党派の首領として市長になったときでさえも、個人的な交際では少しも変化がなかった。私も個人的に告白しなければならないが、学校においても大学においても、あるいは文学においても、かつてユダヤ人としての障害や軽蔑を経験したことは少しもなかった。地方から地方への、民族から民族への、家の食卓から他家の食卓への憎悪というようなものは、後日のように新聞から毎日人に飛びついてくることがなく、それが人間と人間、国民と国民とを分け隔てるということもなかった。どんな英雄感情や大衆感情も、今日のように、公的な生活において不快なほど強力であるということはなかった。個人のすることとなすことが自由であるというのは、今日ではもはやほとんど考えられぬことだが――自明な事柄であった。人々は忍耐強さというものを今日のように柔弱さとか弱点などとして見くだすことはなく、それを倫理的な力としてほめ讃えた。(『ツヴァイク全集19　昨日の世界I』原田義人訳、みすず書房、一九七三年、四八〜四九頁)

だが、シュンペーターは、彼の恩師たち、オイゲン・フォン・ベーム＝バヴェルク（一八五一〜一九一四）やフリードリヒ・フォン・ヴィーザー（一八五一〜一九二六）と違って、ウィーン大学の教授として迎えられることはなかった。

たしかに、彼がエジプトのカイロで弁護士の仕事をしていた頃に発表した一作目『理論経済学の本質と主要内容』（一九〇八年）は、彼の優れた才能を顕示し、ウィーン大学の私講師になるに十分であった。その後も、チェルノヴィッツやグラーツの大学で経済学の教授をつとめたのも、決して悪くはないスタートであった。だが、第一次世界大戦の終結とともに、彼が愛した祖国、ハプスブルク帝国は瓦解《がかい》した。オーストリアが共和国となったとき、彼は厳しい経済状況の最中に大蔵大臣のポストを提供されたが、旧友だったはずの別の閣僚と政治的に対立し、陰で支えてくれる勢力もなく、短期間で辞任を余儀なくされた。政界を去って、今度はビーダーマン銀行の頭取になったが、その銀行も、数年後、経済恐慌の際に経営破綻した。同時に全財産を失い、巨額の借金を背負った。彼はその借金返済のために十数年も苦しむことになったが、要するに、経済界でも成功できなかったのである。

シュンペーターが帰っていく場所は大学以外になかった。だが、一九二五年、彼に教授職を提供したのは、オーストリアではなく、ドイツのボン大学だった。それまでの彼は親独ではなかったが、人生でもっとも苦境に喘《あえ》いでいたときに自分を迎え入れてくれたドイツに感謝するようになった（ついでに言えば、東京帝国大学も、同時期、彼を客員教授に迎えようとしていたので、彼は日本びいきにもなった）。シュンペーターは、ボン大学教授として、長いあいだ歴史学派の伝統に支配されてきたドイツの学界にワルラス、マーシャル、ヴィクセルなど理論経済学の最先端を紹介する役割を果たし、学者としては満足のいく成果を上げたと思う。

だが、やがてナチスが台頭し、ドイツの政治を牛耳《ぎゅうじ》るようになった。シュンペーターは、ユダヤ人ではなかった（一部の文献は、彼を誤ってユダヤ人と記しているので注意が必要である）。彼はナチズムを過小評価していたのか、それに対して曖昧な態度をとっていた（少なくとも、明確に反対を唱えることはなかった）。以前アメリカのハーヴァード大学で客員教授もつとめており、一度自由の空気を満喫した知性には、いずれナチス・ドイツで暮らしていくのは窮屈になったのではなかろうか。一九三二年九月、シュンペーターはボン大学教授を辞任し、アメリカのハーヴァード大学教授として赴任するためにヨーロッパを去った（シュンペーターの詳しい生涯については、拙著『シュンペーター』講談社学術文庫、二〇〇六年を参照のこと）。

第二章

市場均衡論を超えて――「競争」をどう捉えるか

ハイエクの決断

第二次世界大戦が終わったとき、ミーゼスとシュンペーターはすでにアメリカに逃れて、その地での研究生活を送っていた。戦勝国となったイギリスに一人残っていたのはハイエクのみだったが、彼も戦後数年を過ごしたのち、一九五〇年にはシカゴ大学へ移っていった（ただし、ハイエクが所属したのは経済学部ではなく、「社会思想委員会」と呼ばれたところである）。経済学部ではなかったとはいえ、彼が第二次世界大戦中に刊行した『隷属への道』（一九四四年）が、思いもよらず、刊行直後から大きな波紋を学界や論壇に巻き起こした。あとにも先にも、ハイエクの本で、これほど世界中で読まれたものはなかったはずだ。

彼が一九三〇年代のケインズ革命という学界における大きな変革の前に「経済学者」としては敗北した事情については前章で触れた。だが、その後、彼の主な関心は、経済理論という狭い世界からもっと広い自由主義哲学（「社会哲学」と言ってもよい）へとシフトしつつあった。右であれ左であれ、国家が民間の経済活動に介入する傾向が結局は個人の否定と全体主義へとつながると確信していたハイエクは、『隷属への道』が「政治的パンフレット」として片づけられる危険性も顧《かえり》みず、出版に踏み切った。ハイエクは、初版の「前書き」において、その苦渋に満ちた決断について語っている。

本書を出すことで、私はたぶん、親しくしていきたいと思っているたくさんの人々を傷つけることになるだろう。また、この本を書くことによって、私自身の資質によりふさわしいと思っており、長い目で見ればもっと重要だと思っている仕事を、しばらくあきらめなければならなかったのである。そして何にもまして、このような本を書いたことで、もっと厳密に学問的な仕事――性格上私はそちらへ向かわずにはいられないのだが――を公けにし、読者に受け入れてもらう時に、重大な支障となる偏見を植えつけてしまうことも、また確実なことである。（『隷属への道』ハイエク全集Ⅰ―別巻、西山千明訳、春秋社、二〇〇八年新版、初版前書きより、三六二頁）

たしかに、左翼系の学者たちは、ソ連の社会主義とヒトラーのファシズムが同根であると主張する『隷属への道』に激しく反発し、ハイエクに「反動」というレッテルを貼ったものだ。しかし、その本は後年ハイエクが刊行した学術書とまったく無関係な内容を扱っているわけではなく、むしろハイエク社会哲学への案内書として読むことも可能ではないだろうか。もちろん、こんなことが言えるようになったのは、ベルリンの壁の崩壊後、ほとんどの社会主義諸国が瓦解してしまったという歴史的事実をふまえている。若い世代の研究者たちは、「反動」と呼ばれた頃のハイエクを知らないので、ほとんど抵抗なくハイエクを読んできたに違いない。彼らが書いたものを読むと、その感を深くする。

「自生的秩序」論の萌芽

では、『隷属への道』のなかのどのような内容が後期ハイエクにつながるのか、第五章でも詳述するが、私なりに整理してみよう。

第一は、後期ハイエクの中心的テーマである「自生的秩序」論の萌芽がみえることである。後期ハイエクは、人間の行為の「意図せざる」結果として出来上がった秩序を「自生的秩序」と呼び、その意義を理解しているかどうかが「自由主義者」(ここで「自由主義」とは、「国家からの自由」を強調する古典的な意味での自由主義で、リベラリストとカタカナで表記することもある。だが、のちに触れるように、自由主義の意味は次第に変化していった)をそうでない人々から区別するメルクマールだと主張し続けた。「言語」「慣習」「伝統」などの大部分は、長い時間をかけて「自生的」に形成された。それゆえ、ハイエクは、一八世紀イギリスの思想家たち(デイヴィッド・ヒューム、アダム・スミスなど)は、自生的秩序の意義を完全に理解し、人間理性の限界を知っていたという意味で、「真の自由主義者」であったと言うのである(ハイエクには、「真の個人主義と偽りの個人主義」(一九四六年)、と題する興味深い論文があるが、ここでの「個人主義」はほぼ「自由主義」に等しい内容である)。

ところが、「偽の自由主義者」(たとえば、フランス革命期の思想家や政治家たち)は、人間理性を過信し、人間の意図した通りに秩序をつくることができると考えていた。ハイエクは、彼らの「知的驕慢《きょうまん》」がゆくゆくは個人の否定と全体主義を招いたという意味で、「偽の自由主義者」と呼んだのである。

類似の文章は、『隷属への道』のなかに探せばいくつもある。たとえば、ハイエクは、次のように言っている。

別のところで詳しく論じたことがあるので、ここでは簡単にしか触れないが、このような状況の変化を助長する原因には、ひとつの思想上の誤りがあった。それは、テクノロジーの問題に専心している自然科学者やエンジニアといった人々が生み出したきわめて偏った考え方を、無批判に社会の問題にも適用してしまった誤りである。この誤った考え方は同時に、それまでの社会科学が達成した成果を、実は偏見にすぎない上記の考え方と合わないという理由で――つまりは非科学的ときめつけて――信用に値しないとしてしまった。またさらには、「組織」に関する科学的・技術的な理想概念を、適用するにはまったくふさわしくない分野にまで、押しつけてしまうようにもなってしまった。（中略）

今日支配的になってしまっている考え方に従えば、問題は、自由社会にだけ見出すことができるあの「自生的」諸力をいかにして最大限に活用するか、ということではもはやない。われわれが実際着手し始めていることは、期待をはるかに上回る偉大な成果を生み出してきたそれらの「自生的」諸力に頼ることをやめ、非個人的で匿名なシステムである「市場」を廃止し、これに代えて、熟慮の上で定めた目標へと向けて、社会に存在する様々な諸力を、集産主義的で「意識的な」やり方で管理・統制していくシステムを創り出すことである。（前掲『隷属への道』、一八～一九頁）

「分配的正義」と「交換的正義」

第二は、「分配的正義」が「交換的正義」と違って、自由主義の原理と相容れないという主張がすでに登場していることである。後期ハイエクは、のちの章で再び取り上げるが、この問題をもっと詳細に検討している。彼の主張は、かいつまんで言えば、こういうことである。何が「分配的正義」なのかを決めるのは国家以外になく、その権力が恣意的に行使されたときは個人の自由は否定される。すなわち、社会主義者は誰の目にも単純明快な「完全な平等」ではなく、「より多くの平等」を要求しているのだが、後者は前者と違って曖昧であり、ときの権力によって恣意的に決定されやすい。それゆえ、分配的正義は、自由社会とは両立しないと説かれている。

自由主義体制と全体的計画体制とのもっとも対照的な違いは、ナチスや社会主義者が「経済と政治が人為的に分離されている」と非難し、また、両者とも、政治が経済を支配するよう求めている点に、特徴的に表われている。このような主張は単に、自由社会では政府の政策に含まれていない目的のために経済活動がなされることが容認されている、ということを非難しているのみではなく、経済活動が政府の統制から独立して展開され、政府の容認しないような目的に向けてもなされていることを非難しているのであろう。だが、彼らがそれに反対して主張しているところを実現すれば、単に権力が一つになるということにとどまらず、単一の権力、つまりは支配する集団が、すべての人の目的を統制し、とりわけ各個人が社会で占める位置を決定する完全な権力を持つ、という結果をもたらすことになるだろう。

（中略）

これは言葉の遊びではない。表現が似ているために見落とされがちだが、実は決定的な問題がここにあるのだ。つまり、「完璧な平等」に同意すれば、計画者が答えるべき功罪判断の問題はすべて解決されてしまうのに対し、より多くの平等を求めるやり方は、実際には何の答えももたらさない。それは「共通の利益」や「社会的福祉」と同様、はっきりした内容をまったく持っていない。それは個人や集団の功罪を常に決定していく必要性を解消してくれないし、その決定に何の助けも与えてくれない。実際のところ、それが主張しているのは、金持ちからできるだけ取り上げよ、ということだけである。だが、ではその取り上げた分け前をどう分配するか、という段になると、「より多くの平等」は何の役にも立たないのである。

（前掲『隷属への道』、一三九〜一四一頁）

民主主義への警告

第三は、民主主義が危機に陥る危険性を予見し、それに対して前もって警告を与えていることである。古典派の時代にも、J・S・ミル（一八〇六〜七三）が、時と場合によって、民主主義のもとで少数意見が抹殺され「多数派の暴政」に陥る危険性があることを警告していたが、ハイエクはさらに、民主主義が一つの「手段」であることを忘れて、それ自体に「価値」があるかのように論じる人たちに向かって次のように釘を刺している。この部分は、昔の社会主義者たちが、彼らが誠実であればあるほど、もっとも嫌ったところだろう。

民主主義は、本質的に手段であり、国内の平和と個人の自由を保証するための功利的な制度でしかない。民主主義は決してそれ自体、完全無欠でも確実なものでもない。そしてまた、これまでの歴史において、いくつかの民主主義体制のもとでよりも、独裁的な支配のもとでのほうが、しばしば文化的・精神的自由が実現されてきたということを忘れてはならない。また、きわめて同質的な、そして空論ばかり振り回す多数派の支配のもとでは、民主主義政府は最悪の独裁体制と同様に圧政的なものとなることは、少なくとも可能性としては考えられる。（中略）

現代流行の論議は、主要価値としての民主主義が脅かされているとばかり言っているが、こういう見方は危険を含んでいる。このような考え方は、究極的な権力のよってきたるところが多数派の意志であるかぎり、権力は恣意的なものになることはない、という人を惑わせる、根拠のない信念を生み出してきた主要な原因なのである。(中略)民主主義的手続きによって与えられているかぎり、権力は恣意的なものにはなりえない、という信念は、どんな正当な根拠も持っていない。この主張が述べている対比は、まったくの誤りである。権力が恣意的にならないようにさせるのは、それがどこから来ているかという源泉ではなく、権力に対する制限なのだ。民主主義的な統制は、権力が恣意的になるのを防ぐかもしれない。だが、民主主義がただ存在しているだけでは、その防止が可能になるわけではない。民主主義が、確立したルールでは統御できないような、権力の使用を必然的に含む活動を行なおうとするならば、まちがいなく民主主義そのものが恣意的な権力となるのである。(前掲『隷属への道』、八八〜八九頁)

ハイエクの回想によれば、『隷属への道』は、イギリスでは比較的冷静に受け取られたが、社会主義という「新しい伝染病」が流行り始めていたアメリカでは違った。一方では、それを「読まずして」熱烈に歓迎した保守派の人たちがいた。他方、「インテリたちが擁護せねばならない最高の理想に対する裏切りである」と感じた左翼系の人たちもいた。ハイエクは、「そのためにこの本は、信じられないような攻撃にさらされました。当時イギリスでは決して私が経験することのなかったような攻撃です。それは、私の学者としての信用を完全に奪うところまで行ったのです」（前掲『ハイエク、ハイエクを語る』、一一四頁）と言っている。

結果的に、世間の『隷属への道』の受け取り方をみると、それが「政治的パンフレット」のように映ったというハイエクの回想も間違いではないのかもしれない。だが、第二次世界大戦終結から一五年のあとには、ハイエクの自由主義哲学の初めての体系書『自由の条件』全三巻（一九六〇年）が出ているし、それからさらにほぼ二〇年後にはハイエクの社会哲学の頂点と言うべき『法と立法と自由』全三巻（一九七三〜七九年）が完成しているので、『隷属への道』の出版は、狭い意味での経済理論の世界を離れて、自由主義や社会哲学の研究のほうへハイエクを導くことになったと言ってもよいのではないか。ただ、回想文を読む限り、本人が「政治的パンフレット」の作者と世間にみられたことを長く気にしていたことはたしかなようだ。

ハイエクが見つけた論点

さて、そろそろ、この章の本題に入っていこう。ケインズ革命の前に敗北を喫したことは、ハイエクにとって屈辱であったかもしれないが、最高の頭脳をもち、そのときの移り変わる現実に最適なモデルを構築することに誰よりも優れていたケインズが相手となれば致し方なかろう。社会哲学に移りつつあったハイエクも、まだ経済学の分野で自分なりに本領を発揮できるところを探したに違いない。そして、ケインズ革命から一〇年ほど経過した頃から、ハイエクらしい仕事が出始めた。

ハイエクが見つけた論点は、新古典派経済学(まだポール・A・サムエルソンによる「新古典派総合」が登場する前の話なので、一般均衡理論と言ってもよい)が「市場均衡」に関心を集中するあまり「市場過程」の役割が等閑視されているというものだ。もっとも、これはハイエクの独創ではなく、カール・メンガーに始まるオーストリア学派の流れを汲む学者であれば思いつくものだが(その証拠に、のちにみていくように、ミーゼスにも類似の考えがあった)、当時はまだ一般均衡理論を中核とするミクロ経済学の標準的な教科書が出来上がる前なので、問題提起としては早かったと思う。

ハイエクは、経済学で使われる「競争」という言葉の意味が、日常語の「競争」が意味しているものとまったく異なっていることに不満を抱いていた。ハイエクは、とくに当時の一般均衡理論の出発点であり、その後も長いあいだ経済学教育に大きな影響を与えた「完全競争」を例にとって持論を展開している(「競争の意味」〔一九四六年〕と題する論文は、田中真晴・田中秀夫編訳『市場・知識・自由――自由主義の経済思想』ミネルヴァ書房、一九八六年、に収録されている)。

完全競争市場とは、ハイエクのまとめ方に少しアレンジを加えて、次の四つの条件を満たす市場のことだということを頭に入れてほしい。すなわち、①「原子論的な市場構造」(売り手も買い手も多数存在するので、価格に影響を与えることができないこと)、②「均質の商品」、③「市場への参入と退出の自由」、④「完全知識」(売り手も買い手も市場での取引に関連する十分な知識をもっていること)、の四つである。

もちろん、現実は完全競争から遠く離れて、独占や寡占がみられたり、商品も均質ではなかったりするのだが、ミクロ経済学の教科書は、初めに完全競争モデルを提示し、そのあとで、不完全競争や寡占や独占のモデルに移るのが標準的な書き方である。現代の経済学者は現実が完全競争市場から乖離《かいり》していることは重々承知しているが、一つの「参照基準」として完全競争モデルを捉えていると思う。しかしながら、完全競争ならば資源のもっとも効率的な配分が実現するというばかりでなく、現実をできるだけ完全競争、それが不可能でも「有効競争」(完全競争に準ずる経済的成果をもたらす競争)の状態に近づけるのが望ましいという思考法がかなりの支持を得ていた時代があった。ハイエクが俎上《そじょう》に載せるのも、そのような思考法だと言ってもよい。彼は、有名なサミュエル・ジョンソン博士の英語辞典を引き合いに出して、次のように言っている。

たぶん想い起こすに値するだろうが、ジョンソン博士によれば、競争とは「他人も同時に獲得しようと努めているものを、獲得しようと努める行為」である。さて日常生活において、その目的のため採られている工夫のうちどれだけ多くのものが、いわゆる「完全競争」が支配する市場における売手になお可能なものとして残されるであろうか。答はまさに何も残らない、であると私は信じる。広告、値引き、生産される財やサーヴィスの改善（「品質差別化」）はすべて、定義によって排除される――「完全」競争は、実際、あらゆる競争的活動の不在を意味する。（前掲「競争の意味」、八四頁）

経済問題は「変化」から生じる

ハイエクは、以前に書いた論文「経済学と知識」の延長線上で、「完全知識」とは何を意味するのかを考察する。

第一に、市場に参加しようとする売り手や買い手は、現実には、商品やサービスについての知識を十分に持ち合わせていないので、個人的なコネクションその他を通じてより多くの知識を獲得しようとする。ハイエクは、そこに真の「競争」の役割があるのであり、「どの食糧品店あるいは旅行代理店、どの百貨店あるいはホテル、どの医師あるいは弁護士が、われわれが当面しなければならないかも知れない特定の個人的問題が何であれ、それに対して最も満足のゆく解決を与えてくれると期待できるかを、競争が教えてくれるのである」（前掲「競争の意味」、八四頁）という。

市場参加者はふつうそのような意味での「競争」のプロセスを経て知識を積み重ねていくが、最初から「完全知識」をもっているとしたら、「競争」が行き尽くした状態をすでに前提していることになり、何のために「競争」があるのか、わからないと言ってもよい。ハイエクは、言葉を換えて、完全競争論は、「競争的均衡」と呼ばれる状態に関心を集中するあまり、そこに至るまでの「プロセス」を射程に入れていないとも表現している。

ハイエクの批判は、たしかに新古典派の盲点を突いている。ハイエクが「競争の意味」を描いた頃の新古典派は、一言で言えば、静態的な枠組みをとっており、生産関数の「変化」や費用関数の「変化」などは捨象《しゃしょう》されていたので、簡単な数理的処理で、「価格＝限界費用」という完全競争のもとでの企業の利潤最大化条件を求めることができた。だが、ハイエクは、このような機械的な処理が経済問題の本質と本当につながっているのかと問いたいわけだろう。なぜなら、経済問題は「変化」から生じるというのが、ハイエクの持論だからである。彼は次のように言っている。

社会の経済問題の解決は、この面ではつねに未知なるものへの探検航海であり、これまでおこなわれてきたものごとの処理の仕方に比べてヨリ良い新しい仕方を発見する試みである。このことは、およそ解決されねばならぬ経済問題が存在するかぎり、つねに変ることがない。なぜなら、あらゆる経済問題は、適応を必要とする予見されない変化によって、つくり出されるからである。われわれが予見せず、準備していなかったことだけが、新しい意志決定を必要とする。もし、そのような適応が必要とされないのならば、もし、あらゆる変化が停止してしまっていて、ものごとは永久に今あるその通りに進みつづけることを、どの瞬間においてもわれわれが知るのであるならば、解決されるべき資源利用の問題は、もはや存在しなくなるであろう。（前掲「競争の意味」、九〇～九一頁）

「競争」が働いているかどうか

第二に、完全競争市場の条件の①と③に関係する論点がある。新古典派では、完全競争を基準にして現実の市場がそこからどれだけ離れているか、換言すれば、市場がどれほど「不完全」なのかを吟味する。教科書では、「完全競争」→「不完全競争」（独占的競争）→「寡占」→「独占」と並べて、上から下へ行くほど市場の「不完全性」が高まると教えるのがふつうである。当時の新古典派では、市場が完全競争から離れていくほど経済厚生上、望ましくないという思考法が支配的で、実際、応用分野の産業組織論では、司法当局が独占的市場構造にメスを入れる（たとえば、「企業分割」）ことも辞さなかった。

だが、ハイエクにとっては、市場が完全競争からどれだけ離れているかではなく、現に市場で「競争」が働いているかどうかのほうが重要なのである。寡占であろうが独占であろうが、よりよい品質の商品をより安く提供しているのであれば、一概に「悪い」と決めつけることはできない。寡占や独占では競争がより少ないというのは新古典派の静態的枠組みから出てきた誤謬《ごびゅう》で、実際は、新商品や新技術などをめぐって熾烈《しれつ》な競争が進行中なのである。そして、たとえ寡占や独占であっても、政府によって独占が保護されたり参入が阻止されたりしていなければ、いずれ新規企業が参入してくるはずだから、ただちに問題にはならない。それゆえ、ハイエクは、次のように言うのである。

しかるに、現在流行の議論の傾向は、不完全性については不寛容であり、競争の禁圧に対しては沈黙することである。われわれは、競争が故意に抑圧されたばあいに、きまって起きる結果を研究することによるほうが、所与の事実に対して関係のない理想と比較して、現実の競争の欠陥に注意を集中することによるよりも、競争の本当の意義についておそらく一層多くを学ぶことができる。私はよく考えたうえで、「競争が故意に抑圧されたばあい」と言うのであって、たんに「競争がないばあい」とは言わない。なぜなら、競争が国の援助あるいは寛容によって完全に抑圧されないかぎり、競争の主要な効果は、ヨリ緩慢にではあっても、通常は発揮されつづけるからである。競争抑圧のためにきまって起きる結果であることを経験が示してきた害悪は、競争の不完全さが惹き起しうる害悪とは異なる次元にある。価格が限界費用に一致しないかも知れないという事実よりもはるかに重大なのは、厳重に固められた独占によって、費用が必要以上にはるかに高くなりがちだという事実である。他方、優越した効率を基礎とする独占は、誰か他のものが、消費者に満足を与えることにおいて、いっそう効率的になればすぐに消滅することが保証されているかぎり、比較的無害である。（前掲「競争の意味」、九七〜九八頁）

ハイエクがLSEに在籍していた初めの頃、ちょうど若きヒックスもそこで一般均衡理論の研究に専心していたが、後者がLSEを離れてからしばらく経ってようやく完成した『価値と資本』（初版一九三九年、第二版一九四六年で、日本語版は第二版にもとづいている）には、このような問題意識はない。むしろ、ヒックスは進んで、「完全競争の仮定の一般的放棄、独占の仮定の全面的採用は経済理論に非常に破壊的な結果をもたらさずにはおかないということである」（『価値と資本』上巻、安井琢磨・熊谷尚夫訳、岩波文庫、一九九五年、一五六頁）と認めているくらいである。

もちろん、それは『価値と資本』の前半部分の話であって、後半では「静学」と「動学」をどのように橋渡しすべきかという問題意識から理論が展開されていくのだが、それにもかかわらず、ヒックス自身も、後年、その本が全体的に「ネオ・ワルラシアン」（ワルラスの一般均衡理論を受け継ぐ人たち）の思考法に染まっていたと認めている（拙著『現代イギリス経済学の群像――正統から異端へ』岩波書店、一九八九年、第一章参照）。理論経済学の最先端を走っていたヒックスでもそうなのだから、当時の経済学者の大部分が「市場均衡」に関心を集中し、「市場過程《プロセス》」を等閑視しても不思議ではない。それだけに、ハイエクの問題提起は、新古典派の盲点を突くものであったと評価してもよいだろう。

市場プロセスへのアプローチ

ハイエクが「市場プロセス」に注目した競争観を早い時期から披露していたことはいまみた通りだが、同じオーストリア学派の流れを汲んでいるミーゼスにも、当然ながら、類似の思想はある。だが、現在、ハイエク研究者の幅は広がっているものの、ミーゼス研究は少数の例外を除いて盛んとは言えないように思われる。この問題では、ミーゼスの大著『ヒューマン・アクション』が基本書なので、注意深く読まなければならない。

ただ、夫人マルギットの回想によれば、この本は第二版（一九六三年）にミスプリントや落丁・乱丁などが多く、出版元とトラブルになったようだった。ミーゼスはこのトラブルが原因で精神的にも疲労し、不眠症にもなったが、その後、第三版（一九六六年）が出て、ようやく立ち直ったという（詳しくは、前掲『ミーゼスの栄光・孤独・愛』第八章を参照してほしい）。念のために言うと、日本語版の『ヒューマン・アクション』（村田稔雄訳、春秋社、一九九一年）は、改訂された第三版（一九六六年）を底本にしているので、心配はいらない。

さて、ハイエクとミーゼスは同じ「市場プロセス」に注目しているわけだが、ハイエクの「変化」がつねに経済の現実からアプローチしていたのに対して、ミーゼスは一切の「変化」が排除された「均等循環経済」（evenly rotating economy）という「仮構」を構築することから始めている。ミーゼスの定義は、すぐあとで見ていくが、それはシュンペーターの「静態」と類似のものと捉えてもよいだろう。おそらく、ミーゼスは他人と比較されるのを好まないだろうが、言葉遣いが多少違っていても本質はそう変わらない。要は、「変化」のない世界から「変化」する世界に移ったとき、どのような現象が生じるかを描くことが二人の共通の関心事なのだ。

ミーゼスは、「均等循環経済」の世界を次のように記述する。

均等循環経済とは、すべての財とサービスの価格が最終価格と一致する架空のシステムである。その枠組みでは、いかなる価格変化もなく、価格が全く安定しており、同じ市場取引が繰り返し反復される。生産された消費財が最終的に消費者の手に入り消費されるまで、高次財の同一量が同一の加工段階を経過する。市場データには何ら変化が起こらない。今日は昨日と変わらず、明日は今日と変わらないであろう。システムは絶えず流動しているが、常に同じ点にとどまっている。それは固定した中心の周辺を均等に回り、均等に循環する。通常的静止状態は、繰り返し繰り返し乱されるが、即座に以前の水準に戻る。通常的静止状態に反復的攪乱を起こす要因をはじめ、すべての要因は一定である。したがって、価格（普通、静学的価格ないし均衡価格と呼ばれているもの）も、また一定である。

このような仮構の本質は、時間経過の排除と市場現象の不断の変化の排除にある。需給変化という概念は、この仮構と矛盾する。その枠組みにおいては、価格決定要因の構造に影響を及ぼさないような変化のみを考察することができる。均等循環経済という仮構の世界に、不死・不老・非繁殖の人々を住まわせる必要はない。人口総数と各年齢層の人口数が同じであれば、子供が生まれ、年をとり、ついには死ぬと仮定して差し支えない。そうすれば、消費を発生させる個人は同じではないけれども、消費が特定の年齢層に限られる商品の需要は

変わらない。（前掲『ヒューマン・アクション』、二七四頁）

もちろん、「均等循環経済」はシュンペーターの「静態」と同じように、現実にはほとんどまったく存在しない。ミーゼスは、「変化」が捨象された世界として「均等循環経済」という仮構を描写し、そこに「変化」が生じたとき、どのような現象が生じるかを考察するのが経済学者の方法だと説明している。これもシュンペーターの方法と大差はない。それでは、ミーゼスの場合、「変化」はどのようにして生じるのか。それは、一言で言えば、人間が「行為」するからである。なぜなら、「行為とは選択をすることであり、不確実な未来に対処すること」（前掲『ヒューマン・アクション』、二七五頁）だからである。

「プロモーター」としての「企業家」

「均等循環経済」では、すべては既知であり、未来は不確実ではないので、「行為」する必要はない。だが、「データ（与件）の変化」が「均等循環経済」を維持しがたいほど大きくなれば、人間が「行為」する余地が生まれる。シュンペーターの場合、「静態」を破壊するのは、「企業家」のイノベーションの遂行であり、それによって生じる「変化」を「動態」という言葉で捉えている。同じように、ミーゼスもまた「変化」する世界で活動する「企業家」を持ち出している。だが、ミーゼスの「企業家」は、イノベーションのためというよりは、不確実な未来に直面しながらもあえて「投機」し、そこから利益を引き出そうとする「プロモーター」であり、イノベーションを伴うとは限らない。それゆえ、ミーゼスの「企業家」は、シュンペーターのそれのようにイノベーションに特化していないという意味で、曖昧さを残している。だが、それでも、ミーゼスは経済学に「企業家」の役割は不可欠だとして、次のように述べている。

企業家＝プロモーターという概念は、人間行為学的に厳密な定義を下すことができないことを認めるべきである。（中略）しかしながら、経済学はプロモーターという概念なしでは済ませない。というのは、それは、人間性の一般的特徴であり、すべての市場取引に存在して、それらに著しい特色を与えているデータを指しているからである。これは、個人には色々あるので、状況の変化に対して同じ早さで同じように反応するわけではないということである。先天的特性や人生の栄枯盛衰の違いに基づく人間の不平等が、そのような形でも現れる。市場にはペースメーカーと、自分たちよりも機敏な他の人々の方法を模倣するだけの人々とがある。リーダーシップという現象は、人間の他の活動分野と同様に市場でも実在する。市場の駆動力、不断の革新と改善へ向かって進む要素は、プロモーターの不断の活動と、利潤を

できる限り多く獲得したいという彼の情熱によって与えられる。（前掲『ヒューマン・アクション』、二八二頁）

ミーゼスの「企業家」は、イノベーションの遂行によって「静態」を破壊し、「動態」において初めて利潤を獲得するシュンペーターの「企業家」と違って、「データの変化」によって「均等循環経済」から離れたとき、そのような「不均衡」状態のなかに目ざとく利潤の機会を発見し、「行為」する人間である。利潤の機会があるとは、製品価格から生産費を引いた差額である超過利潤がゼロ以上だということだが、それを目ざとく発見した「企業家」は、超過利潤が生まれるところに供給量を増やそうとするので、次第に需要と供給が均等する方向に導き、しまいには利潤はゼロとなる。この意味で、ミーゼスの「企業家」は、イノベーションによって「均衡破壊」の役割を演じるシュンペーターの「企業家」と違って、いわば「均衡回復」の役割を果たすのである。このような企業家像は、ミーゼスのニューヨーク時代の弟子、カーズナーによって継承されていくが、その点はまたいずれ触れることがあるだろう。

「混合経済」に対する批判

『ヒューマン・アクション』という大著は、本来は、「人間行為学」の経済哲学的側面をもっと重視すべきかもしれないが、私は、一般の読者にとっては、「人間行為を目的的行動」であると捉えるミーゼスの方法論がオーストリア学派の創設者カール・メンガーの方法論的個人主義（個人の合理的行動から出発して経済現象を解明しようとする方法）の延長線上にあることをしっかりと押さえておけばよいと思う。もう少し実践的なかかわりで言えば、その本を企業家論や市場経済論の一つとして読んだほうがおもしろいだろう。前に、ハイエクが「市場プロセス」に注目した競争観を披露していることをみたが、ミーゼスもまた独自の企業家像を通して「不均衡」から「均衡」へ至るまでの「プロセス」を重視していたのである。それゆえ、市場経済というシステムをつねに「プロセス」のなかで捉えようとし、それを当時の新古典派が静態的な一般均衡理論の枠組みで分析していることに異議を唱えた。

そして、かつての社会主義経済計算論争の延長線上で、第二次世界大戦後、多くの先進国で「混合経済」（基本的にほとんどの生産手段の私有が認められているという意味で資本主義ではあるが、政府による市場経済への関与が広範囲に及んでいる経済体制のこと。この言葉を普及させたのは、二〇世紀後半のアメリカ経済学の興隆をみずから担い、多くの後進を育てたサムエルソンである）という言葉が広く使われるようになったとき、「混合」という形容は資本主義にはふさわしくないと毅然と反論したのもミーゼスであった。

生産手段の私有に基づく社会の中で、これらの手段の一部が公有の下で経営されるとしても（すなわち政府またはその機関の一つがそれを所有するとしても）、社会主義と資本主義とを結合したような混合経済になるわけではない。国家または都市自治体が一部の工場を所有経営しているからといって、市場経済の特徴が変わるわけではない。これらの公有公営企業は、市場主権の支配下にあり、原料・設備・労働の買い手として、また財とサービスの売り手として、市場経済の仕組に合わせなければならない。これらの企業は市場法則の支配下にあるので、消費者に依存しているが、消費者は彼らを愛顧してくれるかもしれないし、愛顧してくれないかもしれない。公有公営企業は利潤を追求するか、また少なくとも損失を避けなければならない。政府は、その工場や店舗の損失を公共資金によってカバーするかもしれない。しかし、このことは市場が持つ支配権を排除するものでも、緩和するものでもなく、それを他の部門へ移転するにすぎない。というのは、損失をカバーする資金を課税によって徴収しなければならないからである。しかし、この課税は市場法則にしたがって、市場に影響を及ぼし経済構造に影響を与える。だれに税金の負担がかかり、税金がどれだけ生産と消費に影響を及ぼすかを決定するのは、市場の機能であって、税金を徴収する政府ではない。したがって、政府の部局ではなくて、市場がこれらの公営企業の活動を決定するのである。

市場の機能と結びついているものは、人間行為学的ないし経済学的意味において、何一つ社会主義と呼ぶことはできない。すべての社会主義者が考え定義した社会主義の概念は、生産要素の市場およびそのような要素の価格の欠如を暗示している。個人の工場、商店および農場の「社会主義化」(すなわち私有から公有への移行)は、漸進的手段による社会主義実現の一方法である。それは社会主義への道程の一歩であるけれども、それ自体は社会主義ではない。(マルクスや正統派のマルクス主義者たちは、社会主義へのこのような漸進的接近の可能性を頭から否定している。資本主義の進化は、ある日、一撃で資本主義が社会主義に変化する点に到達するであろうというのが、それらの人々の信条である。)

政府経営企業とソ連経済は、市場で売買しているというだけでも、資本主義体制に結合されている。貨幣計算をしているということは、このような結合があることの証言を自らしていることになる。このように、かれらは資本主義体制を狂信的に非難しながらその知的方法は利用しているのである。

というのも、貨幣的経済計算が市場経済の知的基礎であるからにほかならない。どのような分業システムの下でも、経済計算なしには行為に課せられた任務を達成することはできない。このような計算ができたからこそ市場経済が進化したのであり、現在のように機能できるのである。市場経済は計算できるからこそ現実的である。（前掲『ヒューマン・アクション』、二八五～二八六頁）

すなわち、ミーゼスの思考法は、社会主義経済計算論争の頃から変わっていないのである。

競争政策をめぐる環境変化

さて、ハイエクの競争観に触れたとき、いわゆる独占は、政府によって特権を与えられていたり保護されたりしていなければ深刻な問題ではないという考え方を紹介したが、ハイエクはこの問題を一九七〇年代の大作『法と立法と自由』全三巻（一九七三～七九年）においても取り上げている。一九七〇年代は、アメリカで言えば、まだのちのレーガン政権（一九八一～八九年）の規制緩和路線とは競争政策をめぐる環境が違うので、その背景を簡単に説明しておこう。

大まかに言うと、一九七〇年代までは、競争政策において「ハーヴァード学派」（その主導者がハーヴァードの経済学者たちだったのでそう呼ばれていた）と呼ばれる産業組織論が影響力をもっていた。彼らによれば、「市場構造」（Structure）が「市場行動」（Conduct）を導き、「市場行動」が「市場成果」(Performance) をもたらすので (SCPパラダイム)、良好な市場成果をもたらすにはもとの市場構造をできるだけ競争的に (原子論的に) しなければならないと主張していた。アメリカの司法当局も、そのような思考法にかなり忠実に競争政策を実施してきた。

このような環境に変化が生じたのは、「コンテスタビリティ理論」が学界に登場して以降のことである。その理論は、たとえ市場構造が競争的でなかったとしても、「コンテスタブル」(競争可能) な市場であれば、たえず新規企業が参入してくるので、反トラスト法を厳格に適用する必要はなく、むしろ規制緩和をおこなうべきだということを含意している。この理論が、意図的かどうかはわからないものの、レーガン政権の規制緩和路線を後押ししたことは間違いない。

このような背景を頭に入れながら、ハイエクの主張を読んでみよう。

一般に、どんな時点でも、費用がその前後で上昇する最適な生産単位規模が存在するだけでなく、また、すべての企業ではなく、いくつかの企業だけが保有する、技術、立地、伝統、等々の特別な優位性が存在するだろう。しばしば、少数の企業、あるいはたぶん単一の企業だけが、ある商品について、他の企業の費用よりもおそらく低いその費用を償う価格で、販売可能な量を供給できるだろう。この場合、少数の企業 (あるいは単一の企業) はかれらの価格を限界費用にまで下げる必要、あるいは、ちょうどその限界費用を償う価格でのみ販売できるような生産量を生産する必要はないだろう。企業が利益に誘われてすることはただ、新しい生産者がその市場に参入する気になるような価格以下に自己の価格を維持することであろう。この範囲内で、実際上そうした少数企業（あるいはそうした単一企業）は自由に独占者あるいは寡占者として行動できるし、また、かれらの価格（あるいは生産される財の数量）を、他企業を閉め出しておくに十分低くなければならないという要件によってのみ制限されているとはいえ、かれらに最大の利潤をもたらす水準に決定することができるであろう。

　これらいずれの場合にも、確かに、ある全知の独裁者は、価格が限界費用をちょうど償うまで生産を拡大するよう企業に求めることによって、使用可能な資源の利用を改善することができるであろう。ある理論家たちによって常に適用されているこの規準に従えば、既存の世界における市場の大部分は明らかにきわめて不完全である。しかしながら、あらゆる実践的な問題にとって、この基準はまったく不適当である。なぜなら、それは、何らかの知られた手続きによって達成できるある他の状態との比較ではなく、われわれには変えることのできないある事実が実際上のもの以外のものであった場合に達成されたかもしれない状態との比較に依拠しているからである。競争の実際の成果を測定する規準として、ある全知の独裁者によってなされる仮設的な取決めを使用することは、ある経済学者、すなわち、自ら市場秩序を決定する事実をすべて知っている、という虚構の仮定に基づいて分析を推し進めなければならない経済学者、には当然の結果である。だが、それは実際の政策の成果に有意義に適用できる有効なテストを与えてはくれない。テストはある達成不可能な結果への接近度ではなく、ある与えられた政策の結果がその他の利用可能な手続きの結果よりも優れているかどうかであるべきである。実際問題は、以前に達成された水準を超えて効率性をどの程度引き上げることができるか、という点にあるのであって、事実が異なる場合に望ましいと考えられるもの、それにどの程度接近することができるか、ということではない。（『ハイエク全集10　法と立法と自由Ⅲ　自由人の政治的秩序』渡部茂訳、春秋社、一九八八年、九七～九八頁。傍点は引用者）

「競争」の本質とは

ハイエクの主張は意外にプラグマティックであり、競争政策を考える場合、めったにありもしない完全競争と現実の状態を比較するのではなく、現にある企業が、独占であろうが寡占であろうが、よりよい質の製品をより安く供給することができるかどうかで判断すべきだということなのだ。独占や寡占であるということが、即、「望ましくない」としてきた基準が競争政策を硬直的な誤りに導いたという考え方は、ミーゼスやネオ・オーストリアンにも共有されている。とくに後者を代表する一人であるカーズナーによれば、師であったミーゼスの考えは、新古典派の静態的一般均衡理論の枠組みでは理解できず、市場構造が完全競争ではなくとも、あるいは完全競争ではないからこそ、企業家のあいだのダイナミックな競争が展開されるのだという。ミーゼス理論の的確な理解なので、引用しておこう。

（均衡状態である）完全競争では、ミーゼスが重視した企業家を考えることは絶対にできない。これに対して（相互に競争する生産者たちの成功と失敗を消費者が決定してゆくミーゼスの）ダイナミックな競争プロセスは、まさに企業家的なプロセスだ。競争的な参入という行為は、必然的に企業家的だ。その行為はある特定の資源を、現在使用しているところから、販売して利益を上げることができると予想する別の生産物の生産に振り向けることでより大きな利益を獲得できるという、参入者の確信を示している。このように企業家的市場プロセスは、終わることのない一連の企業家的な歩みなのだ。それらの一歩一歩が「参入」行為だ。ミーゼスによれば、「競争」の利点として人々が理解しているのは、それが絶えることのない企業家的な冒険を許容し刺激することである。これらの冒険で新たな生産物や新たな生産方法が導入される。そしてそれらの冒険はまた、資源と生産物の新たな市場価格を生みだしてゆく。これらの新しい価格は、消費者の判断に順応して、最も生産的なところに資源を惹き

> つける可能性を開く。それはまた、より低価格で消費者に生産物を提供できる可能性も生みだす。
>
> 消費者は市場プロセスから利益を得るというミーゼスの信念は、このプロセスの競争的な性質による。つまり、消費者の利益は、市場の諸制度が利益を得ることができると信じている市場部門に、企業家が参入することを許容し刺激する程度によって決まる。市場プロセスのミーゼス的な理解では、「競争」というのは企業家的参入の自由、あるいは参入に対する人為的障壁となる既存企業に与えられる特権の欠如という制度的な枠組みのことである。（前掲『ルートヴィヒ・フォン・ミーゼス』、一一七〜一一八頁）

ミーゼスが、「競争」の本質を、市場構造が完全競争に近いか遠いかではなく、「企業家的参入の自由」があるかどうかという点に見出していたことを見事に捉えた理解である。カーズナーは、ここから、競争政策を市場構造を基準に実行してきたアメリカの司法当局批判へと進んでいくのだが、その点を掘り下げるのは産業組織論の専門家に委ねることにしよう。

オーストリア学派の「伝統」

ところで、ミーゼスやハイエクが市場プロセスを重視しているのは、オーストリア学派の伝統だと言うとき、私は何を根拠にしているのかと問われるかもしれない。それは、もちろん、オーストリア学派の創設者、カール・メンガーの著作のなかにあるからそう言っているのだが、メンガーの競争観は、経済学史の専門家には周知だとしても、一般にはあまりよく知られていない。メンガーは、「限界効用」(財の消費量を一単位増やしたときの効用の増加分のこと)の発見に始まる「限界革命」の中心人物の一人として知られているが、彼の競争観は完全競争を最初から仮定したレオン・ワルラスの一般均衡理論とはかなり異なっている。

メンガーの主著『国民経済学原理』(初版一八七一年)は、主観的価値論を提示したことで有名だが、これは簡単に言えば、こういうことである(詳しくは、『国民経済学原理』安井琢磨・八木紀一郎訳、日本経済評論社、一九九九年を参照)。財の価値は「主観的評価」にもとづいているので、AとBとでは異なるのがふつうである。たとえば、Aにとっては、自分がもっている一〇〇単位の穀物の価値が四〇単位のぶどう酒の価値に等しいのに対して、Bにとっては、自分がもっている四〇単位のぶどう酒の価値は八〇単位の穀物の価値に等しい。このケースでは、四〇単位のぶどう酒の価値が穀物を価値尺度にとって八〇単位以上一〇〇単位以下であれば双方にとって交換による経済的な利益が生まれる。すなわち、価格は、この価格幅の範囲内であればよく、どの点に決まるかは交換当事者の交渉力による。

メンガーは、次に、AとBという二者間の交換から多数者の交換のケースへと議論を進めていくが、そこでは、交換への参加者が増えれば増えるほど、ということは現代の言葉では完全競争に近づけば近づくほど、価格幅は次第に縮小し、ついには、価格が一点に収束していくという。つまり、「競争」とは、このような「プロセス」として捉えるべきなのだ。

ハイエクは、このようなメンガーの思考法を的確に理解していた。ハイエクは、メンガーの『国民経済学原理』出版記念一〇〇周年にあたって「経済思想史におけるメンガー『原理』の地位」と題する論文を発表しているのだが、そのなかで、次のような理解を提示している。

私にとってはたとえば、価格が落着く一定の点よりもむしろ、一定の範囲を指摘するだけで満足する、この控え目な目的には、ある種の新鮮な現実主義さえ感じられる。数学の利用に対するメンガーの嫌悪さえ私には、かれが達成可能と考えた以上の正確さのみせかけに対する反対の意であったように思われる。メンガーの著作に一般均衡の概念がないのも、このことに関連している。もし、かれが著作をさらにつづけていたとするならば、かれが目的としていたのは、静態的均衡理論のためよりも、今日われわれが過程分析と呼んでいるもののために道具を提供することであったことが、序説部（それが『原理』である）においてみられるよりも、恐らくいっそう明らかになっていたであろう。この点において、メンガーの著作ならびにオーストリア学派の著作一般は、ワルラスがわれわれに与えた、経済システム全体の壮大な眺望とは、もちろんひじょうに異なっている。（前掲『市場・知識・自由』、一七九頁）

それゆえ、ミーゼスやハイエクは、オーストリア学派の源流から流れ出た思想を自分たちの問題意識に従って継承し、市場プロセスの重視という共通の基盤の上に立つことになったわけだ。ここでは、「伝統」が生きていることを、たしかに感じることができる。

ミーゼスやハイエクは、現代では「保守派」に分類されることが多い。「国家からの自由」という意味での古典的自由主義をいまだに遵守し、ニューディール期のアメリカで「リベラリズム」（liberalism）という言葉が「国家の干渉」を容認する意味に変わったとき、それに激しく抵抗したのも彼らであった。だが、そのニューディール期に頭角を現し、現代的な意味でのリベラル派経済学者となったジョン・ケネス・ガルブレイス（一九〇八〜二〇〇六）もまた、ミーゼスやハイエクと同じように、反トラスト法を厳格に運用することに異を唱えていた。

保守派とリベラル派がともに似たようなことを主張することはたまにあるが、ガルブレイスが反トラスト法の意義を高く買わない理由はただ一つ、独占や寡占のほうがイノベーションを達成するだけの資金的余裕をもっているからだった。ガルブレイスの初期の名著『アメリカの資本主義』（初版は一九五二年）にはすでに、そのような思想が表れている（新川健三郎訳『アメリカの資本主義』白水社、二〇一六年を参照）。

ガルブレイスは、この問題では、晩年のシュンペーターの著作『資本主義・社会主義・民主主義』（初版は一九四二年）の影響を受けたように思われるが、のちにはさらに進んで、アメリカの資本主義を「大企業王国」として描写した『新しい産業国家』（初版は一九六七年）を公刊した。もちろん、ガルブレイスは、「大企業王国」の論理を丸ごとすべて容認したわけではないが、大企業のほうが小企業よりもイノベーションの遂行上優位に立っているという一点だけは決して譲らなかった。

このような思想とシュンペーターがどのようにつながるのかは気になるところだが、私たちは、ようやく次の章からシュンペーターの経済思想をやや詳しくみていくべきときが来たようだ。

第三章

シュンペーター理論の核心——資本主義衰退論まで

シュンペーターの資本主義論

「資本主義」という言葉は、「資本主義対社会主義」の時代には頻繁に使われたが、社会主義体制がほとんど瓦解してからは、使われる頻度は若干少なくなり、あまりイデオロギー色を感じさせない、「市場経済」や「市場体制」などの言葉が台頭してきた。すでに世界中がほとんど資本主義になったのだから、わざわざその言葉を使う必要はなくなったというわけだ。旧マルクス経済学者の一部は、そのように「当たり障りのない」ネーミングによって資本家のもつ「資本」が主導的な役割を演じる資本主義の本質が隠蔽されることに異議を唱えたものだが、私はいまでは呼び方はどうでもよいと思っている。だが、現代経済思想史上の巨星、ケインズやシュンペーターもまた、「資本主義」と呼ばれる経済体制の本質を追究し、ときに「社会主義」と呼ばれた経済体制との比較をまじえて議論を展開したことを記憶にとどめておいてほしい。

さて、これまでシュンペーターの資本主義論の詳細を語ることを避けてきたが、そのための準備だけはすでにしてきたつもりである。彼の主著『経済発展の理論』の出発点は、「静態」であった。「静態」の世界には、「本源的生産要素」（労働と土地）の持主、労働者と地主以外に経済主体がおらず、生産物価値はすべて労働者と地主のあいだに分配されることもすでに説明した。

ところが、この「静態」の世界は、誰よりも早く新しい可能性を優れた眼力で発見した者が「企業家」となり、「銀行家」の資金的援助を受けながらイノベーションを遂行することによって破壊される。こうして生じるのが「動態」の世界なのだが、詳しい説明の前に、シュンペーターによる「企業家」（『経済発展の理論』の日本語版では「企業者」と訳されている）の定義を提示しておこう。

われわれが企業（Unternehmung）と呼ぶものは、新結合の遂行およびそれを経営体などに具体化したもののことであり、企業者（Unternehmer）と呼ぶものは、新結合の遂行をみずからの機能とし、その遂行に当って能動的要素となるような経済主体のことである。（前掲『経済発展の理論』上巻、一九八〜一九九頁）

留意しなければならないのは、シュンペーターが企業家をイノベーションの遂行という「機能」面から捉えていることである。「静態」には企業家はいなかったが、イノベーションを遂行するまさにその瞬間に企業家が（銀行家とともに）舞台に登場し、その役割を終えると舞台から消えるわけである。シュンペーターの企業家をいつでも存在する「経済主体」のような捉え方をしてはならない。シュンペーターは、誤解を招かないように、次のように念を押している。

すなわち、だれでも「新結合を遂行する」場合にのみ基本的に企業者であって、したがって彼が一度創造された企業を単に循環的に経営していくようになると、企業者としての性格を喪失するのである。またそれゆえ、だれでも数十年間の努力を通じてつねに企業者のままでいることは稀であって、これはちょうど、どんなにわずかであっても、なんらの企業者的要因ももたない実業家の存在が稀であるのと同様である。それはちょうど、どんな研究者でもたえず新しい精神活動に従事し続けることはないが、だれでもその全学究生活の中で、どんなに小さなものであっても、なんらかの自分自身の創造をおこなわないものはないのと同様である。もちろん、このことはわれわれの挙げた要因の理論的有用性やその現実的特徴を否定するものではない。（前掲『経済発展の理論』上巻、二〇七〜二〇八頁）

五つの「新結合」

では、どのような場合が「新結合」すなわちイノベーションに相当するのだろうか。『経済発展の理論』では、次の五つが挙げられている。

1 新しい財貨や新しい品質の財貨の生産
2 新しい生産方法の導入
3 新しい販路の開拓
4 原料や半製品の新しい供給源の獲得
5 新しい組織の実現

（前掲『経済発展の理論』上巻、一八三頁参照）

この定義をみると、イノベーションが単なる「技術革新」だけではなく、新販路の開拓や新組織の実現など、もっと広い範囲をカバーしているのがわかる。実は、日本では、戦後まもない頃から官庁エコノミストとして活躍した後藤譽之助《ごとうよのすけ》（一九一六〜六〇）がイノベーションを「技術革新」と訳して以来、その訳語がかなり普及してしまったのだが、シュンペーターの経済学を学ぶときは右の五つのケースを包含していることを忘れないようにしてほしい。

企業家はイノベーションを遂行するにあたって当然ながら資金が必要だが、「静態」の世界には貯蓄も資本蓄積もないので、どこかよそから資金を調達しなければならない。それを提供するのが、銀行家の信用創造である。銀行家は、そのイノベーションが資金を提供しても将来は大丈夫なのか、企業家は先見の明のあるたしかな人物なのか、等々についての判断を委ねられている。資金がみつからない限り企業家はイノベーションを遂行できないので、銀行家にも同じように将来性を見通す眼力が求められる。それゆえ、シュンペーターは、企業家を資金的に支援する銀行家の役割をきわめて重視している。

銀行家は単に「購買力」という商品の仲介商人であるのではなく、またこれを第一義とするものでもなく、なによりもこの商品の生産者である。しかも現在ではすべての積立金や貯蓄はことごとく銀行家のもとに流れ込み、既存の購買力であれ新規に創造される購買力であれ、自由な購買力の全供給はことごとく彼のもとに集中しているのがつねであるから、彼はいわば私的資本家たちにとって代り、彼らの権利を剥奪するのであって、いまや彼自身が唯一の資本家となるのである。彼は新結合を遂行しようとするものと生産手段の所有者との間に立っている。社会的経済過程が強権的命令によって導かれていない場合にのみいえることであるが、彼は本質的に発展の一つの現象である。彼は新結合の遂行を可能にし、いわば国民経済の名において新結合を遂行する全権能を与えるのである。彼は交換経済の監督者である。（前掲『経済発展の理論』上巻、一九七〜一九八頁）

「動態利潤説」とは

さて、「静態」の世界が企業家によるイノベーション（たとえば、従来より低コストでの生産を可能にする新しい方法の導入）の遂行によって破壊されたとしよう。企業家はそれによって超過利潤を手に入れる。シュンペーターの理論構成では、イノベーションが導入されたときがまさに「動態」の始動するときだから、利潤は「動態」においてのみ発生することになる。そして、その利潤から銀行家に利子が支払われるので、利潤と同じように、利子も「動態」にしか存在しない。利潤と利子が動態的現象であるというのは、優れてシュンペーター的な特徴であり、学説史では「動態利潤（利子）説」と呼んでいる。

企業家は、イノベーションの遂行にあたって、多くの障害や抵抗を乗り越えなければならない。そのような天賦の才能を与えられた人間はごく少数である。あるいは、場合によってはたった一人かもしれない。だが、少数であれ一人であれ、いったん彼らによってイノベーションの成功が公になると、その方法を模倣しようとする人間が多数出現する。こうして、イノベーションが「群生」するようになって初めて、「静態」からテイクオフして「動態」の世界に入った経済体系が「好況」へと導かれるのである。しかし、イノベーションの群生は、やがて市場に大量の新製品をもたらすだろう。財の需給関係から当然ながら価格は低下していく。また、企業家は銀行家に債務を返済しなければならないので、やがて信用は収縮していく。これも価格低下に拍車をかける。これは、経済体系がイノベーションによって創造された新事態に適応しつつあるときにみられるが、このような適応過程が「不況」と呼ばれている。だが、やがてそのような適応過程の完了とともに不況も終わりを告げ、新たな「静態」へと近づいていく。ただし、新しい「静態」は、発展の成果を体現しているという意味で、古いものよりは経済的に豊かな世界になっているだろう。

以上が、『経済発展の理論』の骨子である。「静態」に始まって、企業家のイノベーションが導入されたあと、「動態」が始動し、イノベーションの群生、好況、新事態への適応過程としての不況、そして新たな「静態」へと論理的に首尾一貫したモデルが提示されている。要約するには、多くの事柄を切り捨てなければならないので、ぜひとも『経済発展の理論』をひもといてほしい。私は、いまでも、この本がシュンペーターの最高傑作だと思っている。

企業家に必要な資質

『経済発展の理論』の主役は、イノベーションを遂行する企業家である。企業家は、何もなければ「慣行」に従って循環しているだけの「静態」を打ち破り、「動態」を切り開かなければならないので、非凡の才能が必要である。以前は、企業家に必要な資質について、(一)「洞察」、(二)「意志の新しい違った使い方」、(三)「社会環境の抵抗」の克服、の三つを挙げていたが(前掲『経済発展の理論』上巻、二二四～二二八頁参照)、シュンペーターの経済思想をより深く理解してもらうためには、別の箇所を引用すべきであったかもしれない。長くなるが、注意して読んでほしい。

慣行の循環においては、各経済主体は自分の地盤を確信しており、自分の関係せざるをえない他のすべての経済主体の循環に適合した態度によって支えられており、またこれらの経済主体も再び彼に対して慣行の態度を期待しているために、迅速かつ合理的に活動することができるのに反し、彼が非慣行の課題に直面したときには、このようにむぞうさにおこなうことはできない。慣行の軌道では通常の経済主体には彼自身の知識と経験だけで十分であるが、新しい事態に対しては指導が必要となってくる。彼はすみずみまで十分に分っている循環の中では潮流にしたがって泳ぐが、彼がその軌道を変更しようとするときには、潮流に逆って泳ぐことになる。以前は支柱であったものが、いまや障害となる。熟知していた与件がいまや未知のものとなる。常軌の活動の限界にきたときには、多くの人々は立往生し、そうでないものもまったくばらばらの程度で進むにすぎない。（中略）

したがって、われわれは循環の記述に当っては、生産の結合方法を自然的可能性と同じように与件として扱わなければならない。ただし、根本形態が同一である範囲内において、それぞれの経済主体が環境の圧力に適応しながら、慣行の軌道を著しくはずれることなしに生み出すわずかな偏差は無視する。またしたがって、新結合の遂行は一つの特殊な機能であり、この機能を果たしうる客観的可能性をもった人々よりもはるかに少数の人々の特権であり、またしばしば一見してそのような客観的可能性をもたない人々の特権ですらある。したがって企業者は特別な類型であり、そのために彼の行為は特別な問題となり、一連の顕著な現象の原動力となる。かくして科学的には事態は三組の相互に対応し合った対比によって特徴づけられることになる。第一は二つの実体的過程の対比、すなわち一方では循環ないし均衡傾向、他方では循環軌道の変更ないし経済自身による経済活動の与件の自発的変更である。第二は二つの理論的用具の対比、すなわち静態と動態である。第三は現実にしたがって経済主体の二類型とみなしうる行動の二つの類型の対比、すなわち単なる業主と企業者である。（前掲『経済発展の理論』上巻、二一〇〜二一三頁）

この文章には、シュンペーターの『経済発展の理論』の要となる概念が明確に三つ出ている。すなわち、「循環ないし均衡傾向対循環軌道の変更ないし経済自身による経済活動の与件の自発的変更、静態対動態、単なる業主対企業者」である。なぜこれが重要かと言えば、シュンペーターの発展理論が、「静態」と「動態」の二元論的構造をもっているからである。企業家によるイノベーションの遂行が華やかで格好よいイメージを与えるために、「動態」のみが脚光を浴びがちだが、シュンペーター理論は「静態」と「動態」の両方がなければ完結しない。この点を忘れないでほしい。

ネオ・オーストリアンとの溝

ところで、前の章で、ネオ・オーストリアンのなかに、「均衡破壊」の側面のみを企業家の役割として謳《うた》い上げたシュンペーターの見解に異議を唱えていたカーズナーという経済学者を紹介しておいた。カーズナーのシュンペーター批判は、根源的には、「企業家」の定義の違いに帰着する。カーズナーは、むしろ不均衡状態においてこそ、市場プロセスが進行中であり、「諸機会に対して機敏である」者としての「企業家」の役割が生まれると反論する。

このように反論するカーズナーは、ミーゼスがもっともよく可愛がった弟子の一人であり、師の思考法を的確に理解していると思う。つまり、市場プロセスでは、以前の「無知」や「誤った意思決定」などによって不均衡状態が続いているのだが、そこで「諸機会に対して機敏」な企業家が、市場における不調和を相互に調整し、均衡状態へと導くような役割を演じるのである。カーズナーは、このような役割も重要な企業家機能の一つであると考えるのだが、おそらくシュンペーターなら、それは「単なる業主」の仕事だと答えるだろう。いずれにしても、イノベーション以外にも企業家の役割を認めるネオ・オーストリアンの登場によって、「動」と「静」、あるいは「創造型」と「適応型」の企業家がそろって、現実の経済をみる目はより研ぎ澄まされたものになったのではないか（もとより、これはどちらが優れており、どちらが劣っているかの問題ではない。この点については、拙著『企業家精神とは何か――シュンペーターを超えて』平凡社新書、二〇一六年、を参照のこと）。

カーズナーの見解は、若き日の名著『競争と企業家精神』（一九七三年）のなかの次の文章に典型的に表れている。

企業家精神がシュンペーター体系内で達成するのは、循環的流れの破壊であり、均衡から不均衡を創り出すことである。私にとっては反対に、企業家の役割は、もちろん体系内の動きの源泉なのだけれども、均衡化をもたらす影響を与えることである。すなわち、それはまだ気づかれていない諸機会への企業家的な機敏さであり、それがさらに均衡の循環的な流れに向かう傾向を生み出すのである。シュンペーターにとっては、企業家精神が重要なのは主に経済発展の引き金となるからである。しかし、私にとっては、それが重要なのは、主に市場プロセスがすべての文脈においてそれ自らを作用させるのを可能にするからであり、経済発展の可能性があったとしても、それは単なる特殊ケースとして捉えられる。(Israel M. Kirzner, *Competition and Entrepreneurship*, 1973, p.81)

シュンペーターは、ミーゼスやハイエクと同じように、ウィーン大学に学び、「静態」の内容をみると帰属理論のようなオーストリア学派の遺産と無縁ではないことを前の章で強調しておいた。だが、シュンペーターが企業家の役割をあくまでイノベーションのみに限定したために、ミーゼスやハイエクばかりでなくネオ・オーストリアンとも溝ができてしまった。その「溝」は、シュンペーターが企業家精神の分野でみずからの独創性を主張し過ぎたがゆえにより深いものになったとも言える。というのは、シュンペーターも、反トラスト法の役割をほとんど評価しない点において、ネオ・オーストリアンの見解と類似しているからである。それにもかかわらず、シュンペーターだけが屹立《きつりつ》しているように見えるのは、イノベーションを理論や政策に組み込んでいるかどうかという一点だけを彼一流の文章によって浮かび上がらせたからである。

資本主義の原動力

シュンペーターが反トラスト法の役割を買わないのは、それが静態的な価格理論の応用にほかならず、資本主義の原動力であるイノベーションが生み出した動態をまったく考慮していないからである。シュンペーターは、企業家によるイノベーションがもたらした衝撃をしばしば「創造的破壊」(creative destruction)と表現したが、静態的な枠組みとは創造的破壊が不在の「凪《なぎ》」のような状態であり、それを基礎に競争政策を立案するなど資本主義の本質がわかっていない者のたわごとのように思えたに違いない。彼は、晩年の著作『資本主義・社会主義・民主主義』(初版は一九四二年、第三版一九五〇年まで版を重ねた)のなかで、次のように言っている。

ところが一定時点をとらえ、たとえば寡占的産業——少数の大企業からなる産業——の行動をながめて、その内部での周知の運動と反運動とが高価格と生産量制限以外のなにものをも目的としないというふうに考える経済学者は、まさしくかような仮定をおいているのである。彼らは、瞬間的な状態の与件を、あたかもそれに対しては過去も将来もないかのごとくに受け取り、これらの与件に関連せしめて利潤極大の原則をもってこれらの企業の行動を説明しさえすれば、それでまさに理解すべきものを理解しつくしたと思い込んでしまう。普通の理論家の論文や政府委員会の報告は、事実寡占的企業の行動を、一方では過去の歴史の一こまの結果として、他方ではただちに変化するにきまっている情勢に対処せんとする試みとして——足下からくずれ去ろうとしている地盤に立ちながら、なんとかしてまっすぐに歩こうとしているこれらの企業の試みとして——みようとはけっしてしない。別の言葉をもってすれば、ここでのほんとうの問題は、資本主義がいかにして現存構造を創造しかつ破壊するかということであるにもかかわらず、普通に考えられている問題は、資本主義がいかにして現存構造を操作しているかということにすぎない。このことが認識されないかぎり、研究者は無意味な仕事をしていることになる。それが認識されるや否や、資本主義的行動とその社会的結果とに関する彼の見方は著しく変化するであろう。(『資本主義・社会主義・民主主義』上巻、中山伊知郎・東畑精一訳、東洋経済新報社、一九六二年、一五二頁)

ここで誤解を解くために、シュンペーターの経済思想の「発展」(あるいは、「進化」と言うべきか)について補っておきたい。

『経済発展の理論』の初版(一九一二年)を世に問うたとき、シュンペーターが主に念頭に置いていたのは「競争的資本主義」(主に多数の小企業が競争していた時代の資本主義)であり、そのような経済体制における企業家精神であった。その時代に独占や寡占がなかったわけではないが、欧米の経済学界で不完全競争理論が脚光を浴びるようになるのは、イタリア出身の天才的経済学者ピエロ・スラッファ(一八九八〜一九八三)の論文「競争的条件のもとでの収穫の法則」(一九二六年)以降のことだった。それゆえ、まだ一九一二年の段階で、シュンペーターが完全競争モデルを提示していたとしても何の不思議もない。

しかし、彼が『資本主義・社会主義・民主主義』の初版を書いた一九四二年には、すでに不完全競争理論も寡占理論も登場していた。それらの理論では、静態的枠組みを維持する限り、均衡では完全競争の場合よりも価格は高く、生産量は少なくなるのがふつうだった。ところが、シュンペーターは、その「静態的枠組み」、もっと踏み込んで言えばイノベーションが存在しないという想定そのものに矛先を向けているのである。シュンペーターは、競争形態が完全競争から不完全競争や寡占になったくらいで、資本主義の原動力である企業家のイノベーションが消滅するとは考えなかった。むしろ反対に、大企業のほうが小企業よりも資金的余裕もあり、イノベーションの導入に成功する可能性が高いとさえ言えるかもしれない。シュンペーターのあとに、ガルブレイスがまさにそのように主張したことは前の章で述べた通りである。

「新古典派」への異議

シュンペーターは独占や寡占が経済全体の大部分を占めるようになった経済を「トラスト化された資本主義」と呼んだが、この言葉を使えば、彼は企業家精神が「トラスト化された資本主義」とともにただちに衰退するとは少しも考えなかった。それゆえ、いつまでも完全競争モデルの応用から競争政策を考えようとする当時の正統派（「新古典派」と言ってもよいだろう）に異議を唱えたのである。

かくして、近代的産業条件のもとでは、完全競争は不可能であるから――ないしはつねに不可能であったから――大規模組織または大規模支配単位は、経済進歩――その進歩たるや、生産装置に内在する諸力によって、いやでも応でも休むわけにはいかないものである――と不可分の必要悪として認められねばならぬ、と議論するだけでは十分ではない。われわれは進んで次のことを認めねばならぬ。すなわち、この戦略は、個々の場合や個々の時点をとってみれば、きわめて〔生産〕制限的にみえるのであるが、それにもかかわらず、否、相当程度まではこれによって大規模組織が経済進歩、とりわけ総生産量の長期的増大のもっとも強力なエンジンとなってきたということ、これである。この点について考えれば、完全競争はただに不可能であるばかりではなく、劣等なものであり、理想的能率のモデルとして設定さるべきなんらの資格をも有しないものである。したがって、大企業を完全競争下の当該産業の作用するがごとくに作用せしむべきだとの原理の上に、産業に対する政府統制の理論を基礎づけることは正しくない。（前掲『資本主義・社会主義・民主主義』上巻、一九二～一九三頁）

このように書くと、シュンペーターを多少は知っている読者から、彼はイノベーションが大規模組織のなかの専門家集団（ガルブレイスが「テクノストラクチュア」と呼んだものに近い）によって計画・立案されるようになると、企業家精神が形骸化し、やがて資本主義を衰退させる要因となると主張したのではなかったかという質問が返ってきそうだ。すぐあとで見ていくように、たしかに、シュンペーターには独特の資本主義衰退論があった。だが、それは数十年先の「予言」をしているのではなく、「一世紀といえども『短期』である」ようなきわめて長い時間が経過したあとにどのような社会変化が生じうるかを記述したものであった（前掲『資本主義・社会主義・民主主義』上巻、二九八頁）。したがって、「トラスト化された資本主義」の時代にいくつかの重要なイノベーションが生じたとしても、彼の資本主義衰退論とは何も矛盾してはいない。それどころか、一九三〇年代後半にハーヴァード大学教授のアルヴィン・H・ハンセン（一八八七～一九七五）が長期停滞論を出してきたとき、それは「創造的破壊」という資本主義の原動力を知らない者によるたわごとだと切って捨てたのは、ほかならぬシュンペーターであった。

資本主義衰退論

ハンセンは、もともと、ハーヴァードの若手のあいだにケインズの「危険思想」が浸透しつつある現状に危機感を抱いた保守派がミネソタ大学から引き抜いてきた経済学者だが、皮肉なことに、ハンセンはゼミナールで若手との議論を重ねるうちにみずからがもっとも熱心なケインジアンとなった。彼は、成熟した資本主義国には「長期停滞」が訪れるという説を唱えたが、その根拠は、かいつまんで言えば、（一）人口減少、（二）フロンティア（新領土・新領地）の消滅、（三）イノベーションの低迷、の三つであった（"Economic Progress and Declining Population Growth," *American Economic Review*, March 1939）。

このような長期停滞論は、経済の低迷が長引く現代でも、ローレンス・H・サマーズ（一九五四〜）のような著名な経済学者によって唱えられているが、とくにシュンペーターと関連があるのは（三）である。一言で言えば、シュンペーターは、一九三〇年代のアメリカの大不況のような「一時的な」現象をそのまま将来に引き延ばして、イノベーションの可能性がほとんどなくなったというような言説にまったく同意しなかった。「技術的可能性は海図に載っていない海に等しい」(前掲『資本主義・社会主義・民主主義』上巻、二一三頁)と。第二次世界大戦後のアメリカ経済の歩みは、誰の目にもハンセン説の敗北だったので、ハンセンは自説を改め、その後はサムエルソンと同じように「混合経済」(ハンセンは「二重経済」という言葉を使っていたが)による経済管理の支持者となった。つまり、政府はマクロ経済の分野での経済管理(財政政策や金融政策その他が政策手段となる)に専念する一方で、ミクロ経済の分野では自由市場の役割を尊重する(消費者や企業の意思決定には原則的に介入しない)という考え方である。

しかし、シュンペーターは、その後、非常に長いタイムスパンでみると、資本主義は次第に衰退し、やがて社会主義に取って代わられるという資本主義衰退論を展開した。このシュンペーター説はよく誤解されるので、彼がいったい何を言おうとしたのかをやや詳しく見ていきたい。

『資本主義・社会主義・民主主義』は第三版(一九五〇年)まで版を重ねたが、その頃すでに、アメリカを中心とする西側(資本主義諸国)とソ連を中心とする東側(社会主義諸国)が政治的にも経済的にも対立するようになっていた。一般の読者が「資本主義か社会主義か?」という問題に関心をもっていたので、それはシュンペーターの書いた作品のなかでもっとも大衆的人気を博したものとなった。だが、決して楽に読める本ではない。

読者は、第二部「資本主義は生き延びうるか」のプロローグ冒頭から、いわば魔法をかけられる。「資本主義は生き延びることができるか。否、できるとは思わない」と。シュンペーターは、資本主義における企業家精神を謳い上げた人ではなかったか？　なぜその人が資本主義が滅びていくと言うのか？

だが、読者は、すぐあとで肩透かしを食らう。「経済学的たると否とを問わず、およそ分析のもたらしうるものは、ただ実在の類型のなかに見いだされる諸傾向の叙述にほかならず、けっしてそれ以上ではない。そしてこれらの諸傾向は、将来そこに何が起こるかを教えるものではなく、ただそれがわれわれの観察した期間におけると同じように作用しつづけ、しかもこれを攪乱する要因がまったくないとすれば、将来そこに何が起こりうるかを教えるものにすぎない。「不可避性」とか「必然性」とかいう言葉も、つまりはこれ以上のことを意味しうるものではない」（前掲『資本主義・社会主義・民主主義』上巻、一一三頁）と。

「策士」シュンペーターは、さらに人を惑わすようなレトリックを使って、読者に再度呪文をかける。

論を進めるまえにいま一つ注意すべきことがある。私の確立せんとつとめる論旨はこうである。すなわち、資本主義体制の現実的かつ展望的な成果は、資本主義が経済上の失敗の圧力に耐えかねて崩壊するとの考え方を否定するほどのものであり、むしろ資本主義の非常な

> 成功こそがそれを擁護している社会制度をくつがえし、かつ、「不可避的に」その存続を不可能ならしめ、その後継者として社会主義を強く志向するような事態をつくり出すということである。ゆえに私の議論の運び方がいかに異なっていようとも、最終的結論においては私もたいていの社会主義的著者、ことにすべてのマルクス主義者のそれと異なってはいないのである。けれどもこの結論を受けいれるためには、なにも社会主義者たるを要しない。ある予見をなすことは、けっして予言した出来事の進行を願っていることを意味するものではない。ある医者が自分の患者はもうすぐ死ぬだろうと予言したとしても、それはなにも医者がそうなるのを願っていることを意味しない。社会主義を憎悪するか、あるいは冷たい批判的態度でそれをながめながら、なおかつ社会主義の到来を予見することもできる。多くの保守的な人々はそうしてきたし、現にそうしているのである。（前掲『資本主義・社会主義・民主主義』上巻、一一四～一一五頁。傍点は引用者）

企業家機能の無用化

経済学を学び始めた頃、シュンペーターは、「資本主義はその失敗ではなく成功ゆえに滅んでいく」と言っていると解説してある啓蒙書がいくつもあったが、その一文はシュンペーターの言説をかろうじてかすめているとはいえ、きわめて誤解を招きやすいものである。一つの理論を一つのキーワードや一文で理解するのは無理である。ましてや、右にみたように、シュンペーターは随所で人をあえて惑わせるような言い方を好み、レトリックを使うのも巧妙である。彼の真意をつかむには、テキストの行間を読むくらいの覚悟が必要である。

資本主義がきわめて長いタイムスパンでみたとき衰退していく根拠として挙げられている第一は、「企業家機能の無用化」である。シュンペーターが『経済発展の理論』の初版において念頭に置いていたのは、「競争的資本主義」の時代の企業家精神だったことは、前に触れた。そして、彼は、「トラスト化された資本主義」の時代になったとしても、企業家精神が一〇年やそこらで衰退していくとは少しも考えていなかった。だが、彼は「トラスト化された資本主義」になって観察した現象が長いあいだ続いていくとすれば、どのような「変化」が起こりうるかを考察してみるのだ。

「競争的資本主義」の時代の企業家は、「個人」として活躍した英雄的企業家が典型だと思えばよい。シュンペーターは、よくT型フォードの例をもち出したが、ヘンリー・フォード（一八六三〜一九四七）がそれを完成し、市場で販売を開始したのは一九〇八年というから、シュンペーターが『経済発展の理論』をまさに構想・執筆中の時期と重なる。シュンペーターにとって、フォードが典型的な企業家のイメージだったと言えばわかりやすいだろう。

ところが、「トラスト化された資本主義」の時代に何が起こったかといえば、イノベーションが大企業のなかの「一群の専門家」の仕事になり、なかば「日常的業務」とほとんど変わらなくなりつつあることであった。ここで、企業家とは特定の企業家ではなく、のちにガルブレイスがテクノストラクチュアと呼んだような専門家集団によって取って代わられたのである。シュンペーターによれば、「商業的冒険のロマンス」を夢み、天賦の才能とカリスマ性を持ち合わせた個人が企業家となる「競争的資本主義」の時代は過去のものになったのだ。他方、変化がまだ緩慢であった昔と比較すると、現代ではイノベーションを含め変化が当たり前のようになったので、「とりわけ新しいというだけの理由で消費者や生産者が新しい種類の事物に対してなす抵抗」はほとんどなくなった。かくして、シュンペーターは、「経済進歩は、非人格化され自動化される傾きがある。官庁や委員会の仕事が個人の活動にとって代わらんとする傾向がある」（前掲『資本主義・社会主義・民主主義』上巻、二四〇頁）とまで言うようになるのである。

なかなか巧いレトリックである。だが、「競争的資本主義」から「トラスト化された資本主義」の時代になったくらいで「創造的破壊」が消滅する可能性を危惧する見解を一笑に付したシュンペーターが、「一群の専門家」の仕事が遠い将来は「官庁や委員会の仕事」に近くなると本当に考えたのだろうか。「個人」としての企業家が「一群の専門家」のなかに埋没してしまうとすれば、「トラスト化された資本主義」の時代の企業家は、たとえばガルブレイスのテクノストラクチュアが市場の不確実性を乗り越えるためにさまざまな「計画化」(イノベーションも含む)を試みるようなことはせず、もっぱら受け身の姿勢に徹すると考えるほかない。

シュンペーターは、たしかに、いくつかの例を引いている。たとえば、ナポレオンの時代は、軍事的成功とは司令官個人の成功と同じであり、彼の戦略と果敢な意思決定が戦場における勝敗を決したといっても過言ではなかった。だが、現代の戦争では、司令官個人の力量よりは、合理化・専門化されたオフィスの仕事が勝っており、類《たぐい》まれな個性でも抹消されてしまう、というようなことを書いている(前掲『資本主義・社会主義・民主主義』上巻、二四〇〜二四一頁)。もし程度の差はあれ、同じことが企業家精神にも生じたらどうなるかが、シュンペーターの関心である。長い時間が経てば、企業家精神は無用化していくだろうという予測は成り立つが、どれほどの「長い」時間が必要かは明らかではない。だが、「企業家機能の無用化」→「資本主義の衰退」という筆の運び方は違わない。まとめとして、彼は次のように言っている。

われわれの議論のこの部分を要約すればこうである。すなわち、もし資本主義発展——「進歩」——が停止するか、まったく自動的になるかすれば、産業ブルジョアジーの経済的基礎は、ついには、しばらくは余命を保つと思われる準地代の残存物や独占的な利得を除けば、日常的管理の仕事に対して支払われるごとき賃銀だけに押しつめられてしまうであろう。資本主義的企業は、ほかならぬ自らの業績によって進歩を自動化せしめる傾きをもつから、それは自分自身を余計なものたらしめる――自らの成功の圧迫に耐えかねて粉砕される――傾向をもつとわれわれは結論する。完全に官庁化した巨大な産業単位は中小規模企業を追い出し、その所有者を「収奪」するのみならず、ついには企業者自体をも追い出し、階級としてのブルジョアジーをも収奪するにいたる。そしてその過程においてブルジョア階級は、自己の所得を失うのみならず、それこそもっとも重要なことであるが、その機能をも失うのをいかんともなしがたい。社会主義の真の先導者は、それを説法した知識人や煽動者ではなくて、ヴァンダービィルト（Vanderbilt）、カーネギー（Carnegie）、ロックフェラー（Rockefeller）の一族のごとき人々である。この結論は、あらゆる点においてマルクス主義的社会主義者のお気に召さないものであるかもしれない。いわんやいっそう通俗的な（マルクスならば俗流と呼んだにちがいない）種類の社会主義者にはなおさらであろう。しかし将来の予測に関するかぎりでは、これは彼らのものと違ってはいない。（前掲『資本主義・社会主義・民主主義』上巻、二四三頁）

擁護階層の消滅

シュンペーターが資本主義衰退の要因として挙げる第二は、資本主義の「擁護階層の壊滅」である。これはどういうことかというと、資本主義が勃興するとき、それ以前の封建社会の制度的な仕組み（荘園、村落、職人ギルドなど）はたしかに破壊されたのだが、シュンペーターは、中世貴族の階級的地位は、彼らをはぐくんだ社会的・技術的条件が消え失せてからもしぶとく生き延び、みずからの階級機能を資本主義の社会的・経済的条件に対しても見事に適応してみせたと考える。彼らは、いとも容易に行政官、外交官、政治家などに転身したが、その「古い威信の遺影」は現代でも残存している。ところが、企業家や商人などは、「神秘的栄光の片鱗」でさえもち合わせておらず、ただ「元帳と原価計算」のみに熱中している。彼らには人々を敬服させるに足る「政治的威信」が欠落している。これもシュンペーターらしい逆説的な表現だが、資本主義のメカニズムが支障なく発揮されるには「非」資本主義的な支えが必要であったのに、企業家や商人などの合理主義的かつ非英雄的経済活動の拡大とともに、その「支え」が崩れてしまったというわけである。

かくして資本主義は、前資本主義社会の骨組みを破壊する際に、自己の進歩を阻止する障害物を打ちこわしたのみならず、さらにその崩壊を防いでいる支壁をも破壊してしまった。その仮借なき必然性によって印象的なこの過程は、単に制度的な枯枝を取り除いたのみならず、それとの共棲が資本主義的図式の本質的要素たりし資本家階層の同伴者をも一掃してしまった。きわめて多くのスローガンによって不明瞭になっているこの事実を見いだしたときには、資本主義独特の（*sui generis*）社会形態とみなしたり、実際いわゆる封建主義の解体の最終段階以外のものであるとみなしたりすることが、はたして真に正しいか否かが問われてしかるべきであろう。全体としてみれば私は、資本主義の特色は一つの型を打ち出すに足るものであったと信じ、かつ異なった時代や過程にその起源をもつ二つの階級のかの共棲を、例外といわんよりはむしろ常態として受けいれたいと思う、――かような共棲は、少なくともここ六〇〇〇年間、すなわち原始的土地耕作者が馬をかる遊牧人種の支配に服して以来、常態であった。しかし右に言及した反対意見に対しては、私もなんら大きな異論を見いだしえない。（前掲『資本主義・社会主義・民主主義』上巻、二五二頁）

制度的枠組みの崩壊

第三は、資本主義社会の重要な制度的枠組み、とくに「私有財産」と「契約の自由」が次第に崩壊していくことである。「競争的な資本主義」の時代には、一人の個人や一家族が企業を経営している場合が多かったので、企業の利益は「自分たちのもの」という感覚がふつうであり、「私有財産」の観念がしっかり根づいていた。しかし、「トラスト化された資本主義」の時代になると、大企業の経営者や大小の株主は、個人企業家やその家族ほど、会社の利益に対して敏感ではない。これは多少言い過ぎのように思えるが、個人企業家がイノベーションの大成功によって巨万の富を築き上げるという時代ではなくなったことはたしかである。シュンペーターは、さらに、「契約の自由」が、とくに労働契約が代表的だが、すでに労働組合の介在によって形骸化しているという。これも、大企業と力を増した労働組合との交渉を念頭に置けば理解できないことではないが、「トラスト化」されたとはいえ、資本主義では個人の意思でほかの道を選ぶという選択の余地があるので、額面通りには受けとれない。だが、シュンペーターは、あえて「競争的な資本主義」と「トラスト化された資本主義」の違いを際立たせるような書き方をしている。

資本主義過程は、工場の塀や機械の一片を株式に変えることによって、財産という観念からその生命を奪い去る。資本主義過程は、かつてきわめて強力であった把握力を弛緩せしめる、――すなわち、自分の好むところに従って財産を処分するという法的権利と実際の能力という意味における把握力の弛緩、また財産権の所有者が「自分の」工場およびその支配のために、経済的、肉体的、あるいは政治的にたたかい、必要とあらばそれを枕に討ち死にしようとするほどの意志を失ったという意味での把握力の弛緩、これである。財産の実体的内容――その目に見え、手に触れることのできる現実態――とも称しうべきものがかくのごとく霧消することは、ただ単にその所持者の態度に影響するのみならず、労働者や一般大衆の態度にも影響する。実体的内容を失い、機能を失い、しかも不在的な所有などというものは、いきいきした財産形態がかつて果たしたようには人の心をゆり動かし、道徳的忠誠を喚起しうるものではない。真にそれを擁護せんとして立ち上がるものは、ついに一人も、一人もなくなるであろう――大企業の領域の内外を問わず、一人もなくなるであろう。（前掲『資本主義・社会主義・民主主義』上巻、二五七頁）

知識階級の「右傾化」

第四は、資本主義に敵対する「社会的雰囲気」が醸成されることである。シュンペーターは、ここで「知識人の社会学」という言葉を使っているが、現代の読者には必ずしも納得のいくものではないかもしれない。たしかに、彼が指摘したように、大衆の生活水準の向上がもたらした閑暇《かんか》の増大、マスコミの発達、高等教育の拡充など、知識階級が活躍する場が拡大していった。労働運動のための理論やスローガンを教えたのも知識階級だった。知識階級の「左傾化」は、資本主義の発展とともに広く見られた現象ではあるが、この数十年の経験は、アメリカをはじめとする経済的な豊かさを実現したはずの先進国で、むしろ知識階級の「右傾化」が進行しつつある。シュンペーターの理由づけが現代では必ずしも説得的ではないかもしれないと前に注意したのはそのためだが、しかし、この点において、主に一九三〇年代から四〇年代にかけての世界を見渡して物を書いていたシュンペーターを一概に責めることはできないだろう。そのことを念頭に置きながら、シュンペーターの言葉を聞いてみよう。

公共政策が資本主義的利益に対してますます敵対的となり、ついには資本主義のエンジンが活動するための必要条件をしんしゃくするのを原理的に拒否し、すすんではその働きに対する重大な妨害物とすらなるにいたる理由を説明するものは、社会的雰囲気——その理論のためにわれわれはこれまで石と漆喰を集めてきた——である。しかし知識階級の活動は、反資本主義政策に対して、それを言語に表現することによってそれに力を添えるということ以上にいっそう直接的な関係をもっている。なるほど知識人が専門的に政治に参与するのはきわめてまれであり、責任ある地位を支配することなどはむしろ稀有のことに属する。けれども彼らは、政治官庁の参謀となり、政党の冊子や演説の原稿を書き、秘書や顧問として働き、個々の政治家の新聞上での人気をつくり上げたりする。その新聞上での人気なるものは、それですべてが決まるといったものではないが、ほとんど何びとといえどもこれを無視しえないものである。かようなことによって、知識人はいま行なわれているほとんどすべてのことに対してある程度自分の考え方を刻みつける。(前掲『資本主義・社会主義・民主主義』上巻、二八一頁)

シュンペーターの「結論」

以上に挙げた四つの要因がきわめて長いタイムスパンで進行していくならば、どんなことが起こりうるのか。彼は、何度も繰り返すように、「競争的な資本主義」の時代の企業家精神の輝きを目の当たりにし、『経済発展の理論』の中核に企業家によるイノベーションの遂行を据えた。だが、同時に、時の流れは「トラスト化された資本主義」を創り出し、そこでは、天才的な企業家が個人として企業家精神を発揮するというよりは、大企業内の「一群の専門家」が組織的にイノベーションを企画するようになったことを認めざるを得なかった。もっとも、シュンペーターは、「トラスト化された資本主義」の時代に、主体がどんな形になったとしても、それだけでただちに企業家精神の発揮が停止させられるとは決して考えなかった。ハンセンの長期停滞論や「投資機会の消滅」論などを一笑に付したのもそのためである。だが、四つの要因のなかに複雑に絡み合っている「非経済的要因」が長期にわたって作用し続けるならば、資本主義のダイナミズムにとってあまり都合がよくないことは容易に想像できる。それゆえ、結論として、彼は次のように書いたのである。これも彼らしいレトリックや逆説的表現が読者を幻惑するので、注意して読んでほしい。

> かくして、企業者や資本家の機能の重要性を減少せしめること、擁護階層や擁護制度を破壊すること、敵対の雰囲気をつくり出すこと等によってブルジョアジーの地位を切りくずすその同じ経済過程が、またその内部から資本主義の原動力を解体せしめる。資本主義秩序は超資本主義的素材でつくられた装置に基礎をおくのみならず、超資本主義的行為類型からその活力を引き出しておりながら、反面これを破壊していく宿命をになっているということを、これほど如実に示すものはない。
>
> われわれとは別の立場や不十分な根拠で——と私には思えるが——すでにしばしば発見されてきたことを、われわれはいまここに再発見したわけである。すなわち、資本主義体制には自己崩壊に向かう傾向が内在すること、そしてそれは初期の段階では進歩を阻止するという形をとって現われるということ、これである。

客観的要素と主観的要素、または経済内的要素と経済外的要素が顕著な協力を示して相互に補強しつつ、いかにしてこのような結果をもたらすに役だったかについては、私はここにとどまって繰り返そうとは思わない。私はまた、明らかになったはずのことや、次の諸章でいっそう明らかにされるであろうこと、すなわちかような要因がただに資本主義文明の崩壊をもたらすにとどまらず、さらには社会主義文明の出現をも助長するということ、をここで説明しようとも思わない。それらいっさいのものはこの方向を指示している。資本主義過程はそれ自身の制度的骨組みを破壊するのみならず、また他の骨組みのための諸条件をもつくり出す。したがって破壊という言葉はやはり適当な言葉とはいえない。私は転形として語ったほうがよかったかもしれない。その過程の帰趨は、でたらめに出てくるものによって満たされるような単なる真空ではない。すなわち、事物と精神とがますます社会主義的生活様式に従いやすいように変形されていくのである。資本主義構造を下からささえていたあらゆる支柱が消失するとともに、社会主義的計画の不可能性も消滅する。この二つの点においてマルクスのヴィジョンは正しかった。われわれの目前に進行している特定の社会的転形と、その主動因としての経済過程とを結びつけることにおいては、われわれもマルクスに賛成することができる。われわれの分析によって否定されたところは――かりにこれが正しいとしても――それが社会主義的信条において演ずる役割がいかに本質的なものであろうとも、結局は第二義的重要性をもつものにすぎない。かくて資本主義の衰退はその成功にもとづくという主張とその失敗にもとづくという主張との間には、結局のところ一般に想像されるほどの相違は存しない。（前掲『資本主義・社会主義・民主主義』上巻、二九五〜二九六頁。傍点は引用者）

これが、シュンペーターの資本主義衰退論の有名な「結論」だが、次の二点だけは、とくに留意が必要である。

注意すべき二つのレトリック

第一は、「資本主義はその成功ゆえに衰退する」のであって、「その失敗ゆえに滅ぶのではない」というレトリックについてである。資本主義がその失敗ゆえに滅ぶというのは、明らかにマルクスの『資本論』を意識した言葉である。資本主義崩壊の客観的論理を提示したマルクスの理論は、イデオロギーを抜きにしても、世界の経済学界や社会主義運動にきわめて大きな影響を及ぼした。マルクスの思想や経済学に精通していたシュンペーターも、そこから「動態」のヴィジョンを初めとして実に多くを学んだが、資本主義衰退論では、マルクスの結論のみに同意し、みずからは資本主義崩壊の論拠を「経済的」要因というよりは「非経済的」要因に求めた。だが、これは巧妙なレトリックであり、資本主義の発展がもたらした変容（代表的なものは、「競争的な資本主義」から「トラスト化された資本主義」への「進化」によって企業家機能が無用化することだが、資本主義の擁護階層の消滅や資本主義に敵対的な知識階級の台頭などの「非経済的」要因が目を引く）によって、資本主義を動かしていた「経済的」機構に支障をきたすようになるという主張なので、「失敗」であることに変わりはないのである。「かくて資本主義の衰退はその成功にもとづくという主張とその失敗にもとづくという主張との間には、結局のところ一般に想像されるほどの相違は存しない」というのは、そういう意味である。

第二は、シュンペーターが、社会主義が経済システムとして機能し得ることを認めながらも、同時に「社会主義の文化的不確定性」という問題が残ることを指摘していることである。慧眼《けいがん》である。多くの読者がもっとも関心をもっているのを予想したのか、彼は、社会主義は条件が整えば民主主義と結びつくこともあるけれども、独裁的に統制される可能性も決して否定できないとあらかじめ断っている。「一つの社会は十分に、かつまた真に社会主義的でありながら、同時に絶対的支配者によって統制されることもできれば、ありとあらゆるもっとも民主的な仕方で組織されることもできる」（前掲『資本主義・社会主義・民主主義』中巻、三〇九頁）と。たとえて言うなら、北欧型の社会民主主義になることもあれば、旧ソ連の独裁型社会主義にもなりうるということだ。

シュンペーターが亡くなってからの社会主義諸国の現実にある程度通じている私たちは、彼が言いたかったことの真意を慮《おもんぱか》ることができるが、それ以外に私は、彼が第一次世界大戦後、混乱のなかでオーストリア共和国に成立した社会民主党とキリスト教社会党の連立政権に大蔵大臣として入閣したときの経験が活きているのではないかと思う。彼は学生時代の友人で社会主義者であった者が「政治家」となったとき、ハプスブルク帝国時代の政治家に勝るとも劣らない「権謀術数」の使い手になってしまった現実に衝撃を受け、みずからもその渦に巻き込まれ失意のうちに辞任を余儀なくされた。それは、彼にとって、「社会主義」や「社会主義者」の理想と現実の違いを痛感させた経験だったに違いない。その証拠に、シュンペーターは、のちに、都留《つる》重人《しげと》（ハーヴァード大学でシュンペーターに学んだ日本人の経済学者）に次のように語っているのである。

> 私は今までいくつも誤った認識をした。人間であるかぎり、これは避けられない。が、ただ一つ私が私にゆるすことのできない誤信がある。私はかつて、社会主義者は政治家としても他の政治家とは異なり、一段高い人格と教養をそなえ、その政治にも文化人の政治として、はずかしくない洗練さがありうると思っていた。ところが、現実の体験は、私のこの期待を

裏切り、私の誤信をゆるすべからざるものにしてしまった。(『近代経済学の群像――人とその学説』現代教養文庫、一九九三年、二〇四頁)

政治家と官僚のバランス

三〇代ですでにこのような経験をしていたシュンペーターは、『資本主義・社会主義・民主主義』を執筆する段階で、社会主義になればすべてがバラ色に輝くというような幻想を抱くはずがなかったのである。それゆえ、その本の第四部「社会主義と民主主義」では、民主主義的方法が成功するにはどのような条件が満たされなければならないかについて、やや詳しく論じている。次章では彼の民主主義論をみていくが、ここにはその前提となる問題意識がすでに現れている。

第一は、政治家が「十分に高い資質」をもっていることである。これは当然と言えば当然だが、政治家の資質は企業家のそれとは違うので、シュンペーターは、資質の高い政治家をいかに確保するかについて次のように述べている。

十分によい資質を備えた政治家を確保するのには、おそらく多くの方法がありえよう。けれども今までの経験の示唆するところによれば、それに対する唯一の有効な保証は、自分の当然の天職として政治に従事する社会階層――それ自体きびしい淘汰過程の産物である――が存在することであるように思われる。もしかような階層があまりに排他的でもなく、さりとてまた、局外のものにとってあまりに近づきやすいものでもない場合には、またその階層がたえず吸収する多くの新要素を十分に消化していくだけの力をもっている場合には、それは、他の分野での多くの試練をよくくぐり抜けてきた――いわば私的な仕事で準備期間を終えてきた――系統の人々を政治街道におくり込むのみならず、さらにまた彼らに対して経験を具現化している伝統や専門的なしきたりや共通したものの考え方の基礎を与えることによって、彼らの政治家としての適合性をいっそう増大せしめるであろう。(前掲『資本主義・社会主義・民主主義』中巻、五四五~五四六頁)

シュンペーターは、その例の一つとして、ワイマール共和国時代のドイツ(一九一九~一九三三年)を挙げているが、それが結局ナチズムの台頭によって倒れたように、資質の高い政治家を確保することが生やさしいとは決して考えていない。それゆえ、もう一つの例であるイギリスを高く評価しているのだが、イギリスはいまだに一種の階級社会なので、その評価には異議を唱える人もいるかもしれない。政治家の役割は、前に触れたように、企業家のそれとは明確に異なるので、おそらくシュンペーターは、前者が後者をうまく後援するような存在になることを期待していたのではないだろうか。

民主主義的方法が成功するための第二の条件は、「有効な政治的決定の範囲」があまり広すぎないことである。政治家の能力や統治能力には明らかに限界があるので、この条件も比較的すんなりと受け容れられるだろう。シュンペーターは、たとえば、刑法のような法典が必要かどうかという問題なら民主主義的方法によって解決されうるが、技術的にも難しい詳細（たとえば、犯罪は複雑な現象なので、それを懲罰的感情などでは処理できない）は専門家のアドバイスに委ねられるべきであって、政府や議会の素人《しろうと》が口を出すべき問題ではないと考えている。なぜなら、彼らは「懲罰的感情」や「感傷的気分」などに左右されやすいからだ、と。この考えにも、かつて政治家として周囲を見渡した経験が活きているに違いないが、彼はもう少し距離を置いて次のような言い方をしている。

首相によって統率された議会は、必要とあらば憲法改正というような手段によるが、その決定にあたって服すべきなんらの法的な限界をもっていないのはもちろんである。けれどもアメリカ植民地に関するイギリス政府および議会の行動を論じたさいにエドマンド・バークの主張したごとく、正しくその職務を果たすためには、全権をもつ議会といえども自らの行動に制限を加えねばならぬ。同じようにして、われわれのいいうることは、議会の票決に付さるべきような事柄の範囲に属するものでも、政府や議会はしばしば、その決定が純粋に形式的なものにすぎないか、もしくはせいぜいのところ純粋な監督的な性質のものにすぎないような法案を通過させねばならぬということである。さもなくば、民主主義的方法は立法的な酔狂を生むであろう。（前掲『資本主義・社会主義・民主主義』中巻、五四七～五四八頁）

第三の条件は、公共的目的のために献身する官僚の存在である。シュンペーターは、訓練の行き届いた官僚の役割を正当に評価しており、彼らは「しっかりした身分と伝統」「強烈な義務観念」「強烈な団体精神」の持主でなければならないと高い基準を設定している。シュンペーターは、優れた官僚組織に支えられなければ、民主主義が「素人政治」に堕《だ》してしまう危険性をよく承知していた。官僚は、どこからも束縛を受けずに、自己を主張し、必要とあらば政治家を教育する役目も負わされるが、このような官僚がどのような「社会階層」から輩出するかと言えば、彼はやはりヨーロッパの中世からの歴史をひもとくのである。

ヨーロッパの官僚は、自分たちの経歴を曇らせるほどに敵対的な批判をよびおこしたという事実にもかかわらず、私のいわんとする点をきわめてよく例証している。彼らは、最初は中世の諸侯（元はといえば行政的または軍事的な目的のために選ばれた農奴が、それによって準貴族《プチ》の身分を獲得したもの）の代理から始まり、数世紀をつうじて、ついに今日みるごとき強力な機構にまで成長した長い発展の産物なのである。それを急にこしらえ上げることはできない相談である。それはまた金で「募集する」ことのできないものである。けれどもそれは、一国がどのような政治方法を採用するかにかかわりなく、どこにおいても生長してくるものである。その膨張こそはわれわれの将来について確かなことの一つである。（前掲『資本主義・社会主義・民主主義』中巻、五五一～五五二頁）

一言で言えば、政治家と官僚はお互いに切磋琢磨しながら国家の統治機構を形づくるのだから、一方だけが強力になっても民主主義的方法は成功しないということだ。この条件も十分に理解の範囲内にあるものだ。

「民主主義的自制」が働くには

第四は、「民主主義的自制」が働くことである。「自制」とは「セルフコントロール」のことである。政治家も選挙民も、邪悪な者の甘言や誘惑にのらないだけの「高い知性と道徳」をもち合わせなければならないが、シュンペーターは、それを実に印象的な言葉で表現している。「立法的改革や行政的行動に対する個々の提案は、いわば秩序正しくパンの配給を受ける行列に並んでいるようなものでなければならぬ。すなわち、けっして店舗に乱入する企てであってはならないのである」（前掲『資本主義・社会主義・民主主義』中巻、五五二頁。傍点は引用者）と。

シュンペーターは、ナチズムの台頭を実際に目にしながらボン大学教授としての仕事をこなし、その後、一九三〇年代にアメリカに渡ってしまったのだが、常識的に考えても、その期間の見聞が『資本主義・社会主義・民主主義』のなかに活かされていないと思うほうが不自然だろう。たとえば、彼は、議会で政治家が政府転覆の陰謀をめぐらせたり、混乱に乗じて何かを図ろうとしたりする誘惑に負けることは「民主主義の終末」を意味すると的確に論じている。「自制」というのは、実は、深い意味を内蔵しているのである。「ここで重要なことはただ、大規模にして複雑な社会における成功的な民主主義的実践がつねに政治的な楽屋裏の駆け引き——秘密の権謀術数を弄したり、目的や公約についてうそを言ったりするような駆け引き——に反対してきたこと、およびそういう駆け引きを差し控えるためには市民の側に多大の自制が必要であるということにすぎない」（前掲『資本主義・社会主義・民主主義』中巻、五五四頁。傍点は引用者）と。

最後の第五は、異なった意見に対する寛容性が挙げられている。これも、思想史に関心があれば、J・S・ミルの『自由論』（一八五九年）以来おなじみのものだと思うに違いない。どんな社会も、お互いに他人の意見を尊重し合う態度や習慣が根づいていなければ、自由はいずれ消滅してしまうだろうが、民主主義という政治制度についても同じことが言える。シュンペーターは、「民主主義的自制」が働くには、「一定の型の国民的品性と国民的習性」が必要であると表現しているが、これはもちろんどこでもみられることではない。シュンペーターの文章は抑制されているが、急所を押さえている。

これを一般化していえば、民主主義的方法は世上騒然たる時期にはうまくいかないであろうと記してもよい。事実、あらゆる型の民主主義は、競争的な主導力を廃棄して独占的な主導力を採用することを適当となすような事態のありうることを、ほとんど一致して認めている。古代ローマにおいては、非常事態の発生したさいに、かような独占的主導力を選挙によらない執行長官に授けることが憲法で定められていた。そしてその職にあるものは、民衆の総帥（*magister populi*）とか執政官（*dictator*）とか呼ばれていた。同じような条項はほとんどすべての憲法にみられるのであって、アメリカの憲法もその例外ではない。たとえば合衆国の大統領は、特定の情勢のもとでは、そのあらゆる意向と目的とから考えて自らをローマ的な意味での執政官たらしめる権限を与えられている。ただ両者の間には法律の構成の上にも実際的な施行の細目の上にも大きな相違がある。もしこの独占が一定期間（もともとローマの場合にそうであったように）ないしは特定の短期的な非常事態の持続期間だけに有効に制限されるならば、競争的主導力という民主主義の原理の機能停止は、ただ一時的なものにすぎなくなる。けれどもこの独占が法律的にも実際的にも一定期間だけに限られないとすれば——そして期間についての限界がなくなれば、それにつれて他のすべての事柄についても限界がなくなりやすいのはいうまでもない——民主主義の原理は廃棄されることとなり、今日の意味での独裁制度がみられることになるのである。（前掲『資本主義・社会主義・民主主義』中巻、五五五～五五六頁）

シュンペーターは、前に触れたように、社会主義が民主主義と結びつく可能性を決して否定しなかった。それにもかかわらず、以上の五つの根拠から、両者の結合が首尾よく進まず、最悪の場合は「独裁制度」に飲み込まれる可能性も同時に真剣に検討していた。彼の民主主義論は、実は、古典的民主主義論の欠陥を突く独自の定義から始まっているので、次の章で、ミーゼスやハイエクとの比較も含めて再び取り上げることにしたい。

シュンペーターの影

ところで、シュンペーターの資本主義衰退論が「資本主義はその成功によって滅んでいく」という逆説的な命題によって経済学者のあいだに知れ渡ったことはすでに指摘したが、数十年後、イギリスでサッチャー政権が誕生して以降、彼女の政策（しばしば「サッチャリズム」と呼ばれたが）を「反シュンペーター革命」と名づけたのは、わが国が世界に誇る数理経済学者、森嶋通《もりしまみち》夫《お》（一九二三〜二〇〇四）であったことに注意を喚起したい。森嶋氏の『サッチャー時代のイギリス――その政治、経済、教育』（岩波新書、一九八八年）は、当時はベストセラーになったが、残念なことに、現代の若い学生たちの大半は、その本を読んでいないばかりか、森嶋通夫というユニークな経済学者がいたことさえ知らないようである。もっとも、森嶋氏によるシュンペーター説の紹介は少し原典を離れて森嶋流に脚色されているように見えるのだが、それでも、サッチャリズムを「反シュンペーター革命」と捉えた解釈は十分にユニークなものである。

　森嶋氏は、シュンペーターの資本主義衰退論がマルクス的な「革命」を意図するものではなく、「体制の形態転換」とでも呼ぶものであることをちゃんと理解しているが、サッチャリズムをあえて「反シュンペーター革命」と呼ぶ理由を次のように記している。「私がサッチャーの反革命と呼んでいるものも、シュンペーター変換の逆を実現させる試みということであり、彼女が暴力反革命を準備しつつあるなどという意味では、もちろんない。すなわち歴史はAからBへ進むという動きを示しているのに、彼女は歴史の車輪を逆まわしして、シュンペーター変換の中途にある現段階から、出発点のAに向かって後進させようとしていることを、ここでは「反革命」と呼ぶ」

（前掲『サッチャー時代のイギリス』、六六～六七頁）。

たとえば、森嶋氏によれば、サッチャー政権が誕生する前までに、イギリスの主要な産業（鉄道、炭坑、発送電、鉄鋼）や電信電話、社会保険、医療などはすでに国有化されていたが、サッチャー政権はこれらの産業を「私有化」（privatize）し、「小企業」時代を復活させようとした。左傾化した知識人階層を敵視し、「効率」が悪いという理由で大学、国民保健機構、美術館、博物館などを冷遇したのも彼女の信念にもとづいている。すべては、「ビクトリア時代に帰れ」というスローガンによって正当化されたという（前掲『サッチャー時代のイギリス』、六八～六九頁参照）。「ビクトリア時代に帰れ」とは、端的に言えば、戦後イギリスがつくり上げた福祉国家を解体し、イギリスがいわゆる「イギリス病」にかかる前、すなわち「シュンペーター変換」が進行する前の「古き良き時代」に戻そうという政策プログラムなのである。森嶋氏は、さらに次のように言っている。

そして彼女がイギリスを立ち直らせるという名目で行なった（あるいは行なおうとしている）こと――たとえば私立学校教育の振興、公営住宅の売却、医療サービスの一部私企業化、国有企業の私有化など――はどれもこれも、彼女が行なっている「シュンペーター反革命」の一環であると見ることができる。さらに「知識人」やケインジアンはすべて彼女の敵である。肥大化した福祉国家を解体ないし縮小させ、競争社会を復活させるのが、彼女の目的であり、「ビクトリア時代に帰れ」というスローガンの中身である。

それのみではない。彼女は、ビクトリア時代の上層および中上層階級のきびしい家庭的躾を強調、礼讃した。彼女はまた自立心を鼓舞した。彼女が復位させようとしているのは、このような質実で誇り高い禁欲的な家庭を基礎とし、その上に構築される自由私企業経済――プロテスタントの倫理に支えられて競争的資本主義の精神を燃え立たせたマクス・ウェーバーの理想的初期資本主義経済――以外の何ものでもない。(前掲『サッチャー時代のイギリス』、六九~七〇頁)

もちろん、森嶋氏のサッチャリズム理解が正しいかどうかは別問題である。しかし、ここでは、彼が戦後イギリスがつくり上げた福祉国家をシュンペーター変換の進行した姿として捉えていたこと、そして、その過程を逆転させるサッチャリズムの本質を「反シュンペーター革命」という言葉で特徴づけたことが重要である。シュンペーターの資本主義衰退論は、前にも触れたように、数十年後の「予言」をおこなったものではなかったが、図らずも、数十年後イギリスでサッチャー政権が成立し、それまでに出来上がった福祉国家を本気で解体しようとするプログラムを実践するに及んで、かえって数十年前にシュンペーターが言おうとしたことの真意が浮き彫りになったのではないだろうか。その意味では、サッチャリズムが登場する前のイギリスの政治・経済風土は、「シュンペーターの影」に支配されていたと言ってもよいのかもしれない。

第四章
政治過程の経済分析について――民主主義への懐疑

「古典的民主主義」の批判的検討

「民主主義への懐疑」というと、三人（ミーゼス、ハイエク、シュンペーター）のなかでは、ハイエクの民主主義論を思い浮かべる人が多いかもしれないが、この章では、ハイエクと同じくらいのウェイトをシュンペーターによる古典的民主主義論批判に割り当てたい。後者は、シュンペーターの『資本主義・社会主義・民主主義』を精読した読者なら知っているはずだが、シュンペーターが第一には「経済学者」だっただけに、イノベーションと比較すると、経済学の文献のなかでは、例外を除いてあまり取り上げられることはない。しかし、シュンペーターの問題提起は、のちに経済学においても「公共選択論」と呼ばれる分野の開拓につながったので無視することはできない。ミーゼスは民主主義について詳細に検討した作品がほとんど見当たらないので(ファシズム論なら若干は存在する)、断片的ではあるが、関連する箇所があれば適時紹介することにしよう。

シュンペーターは第一には経済学者である。この事実は、たとえ彼が社会学の論文を書いていようが、歴史に造詣《ぞうけい》が深かろうが、揺るがない。だが、『資本主義・社会主義・民主主義』における民主主義についての優れた考察は、ふつうのミクロ経済学やマクロ経済学の教科書には紹介されないので、経済学を学ぶ者たちにも広く知られているわけではない。かえって、政治学者による評価のほうが高いと言えなくもない。というのは、シュンペーターが「古典的民主主義」の学説を批判的に検討した上で、それに代わるリアリスティックな民主主義論を提示したからである。

「古典的民主主義」の学説とは、私たちが長年たたきこまれてきたものだが、シュンペーターは、それを次のように定義している。「民主主義的方法とは、政治的決定に到達するための一つの制度的装置であって、人民の意志を具現するために集められるべき代表者を選出することによって人民自らが問題の決定をなし、それによって公益を実現せんとするものである」(前掲『資本主義・社会主義・民主主義』中巻、四六五頁)と。

「公益」とは何かはすぐあとで問題になるが、それがあることを前提にしないと、「古典的民主主義」の学説を理解できない。それゆえ、シュンペーターは、「古典的民主主義」の学説についてさらに説明を続けている。

この場合にはまずここに、政策の明白な指標たる「公益」の存在が主張されている。それはいつでも簡単に定義できるものであり、またおよそあたりまえの人にならば、合理的な議論によって認識せしめうるものとされている。だから公益の存在を認めないというがごときことは全然許されず、事実また無知とか――これは除去しうる――蒙昧《もうまい》とか反社会的利害によるものとかを除いては、それを認めないような人の存在はまったく説明されていない。さらにまた、この公益はありとあらゆる問題に対して明確な解答を与えるものであるから、いっさいの社会的事実や過去から未来にわたるいっさいの政策は、それに照らして一点の紛れもなく「良いもの」と「悪いもの」とに分類されうることとなる。したがってすべての人民は少なくとも原理上は意見の一致をもつことになり、ここにまた人民の「共通の意志」(分別ある個人の総体の意志)なるものも存在することとなる。そしてそれは公益、共通の利益、公共の福祉、さらに公共の幸福とまったくその意味内容を一にするものである。蒙昧やうしろ暗い利益を別とすれば、そこにおいて意見の分岐をもちきたしたり、反対がなされたりする可能性を説明する唯一の事柄は、目標――それ自体についてはほとんどすべての人が一致している――に到達する速さについての見解の相違からくるものである。かくしてその社会のすべての構成員はその目標を自覚し、男女を問わず自己の意向を知り、何が善であり何が悪であるかを識別し、前者を促進して後者とたたかうことに積極的に、かつ責任をもって加担することになる。かようにしてすべての構成員はともに自分たちの公共的事務を統轄していくのである。(前掲『資本主義・社会主義・民主主義』中巻、四六五〜四六六頁)

「公益」とは何か

さて、もしこれが「古典的民主主義」だとすれば、前もって何らかの明確に定義された「公益」というものがあり、それに照らして「よいもの」と「悪いもの」を振り分け、前者を追求する政策をコンセンサスを取りつけながら実現するのが「よき政治」ということになる。だが、それに対して、シュンペーターは、「公益」を明確に規定することができるという考えを否定し、また「公益」を実現するための具体的な方法はまったく明確ではないと反論している。

第一に、「一義的に規定された公益」なるものは、一八世紀以来の功利主義者たちが人間の価値判断についてきわめて狭い見方をしていたがゆえに生まれたものであり、実際は、「公益」の内容は、個人や集団のあいだで各々異なるのが現実である。功利主義者たちは、その溝を合理的な議論を尽くすことによって埋められると考えたのかもしれないが、シュンペーターは、これを否定する。「というのは、究極的価値――人生いかにあるべきか、また社会はいかにあるべきかについての各人の考え方――は、単なる論理の範囲をこえる問題だからである」(『資本主義・社会主義・民主主義』中巻、四六八頁)と。

第二に、たとえ功利主義者たちが納得するような「経済的満足の極大」のような「公益」が明確に規定されたとしても、その実現についてただちに明確な解答が出るような具体的方法がみつかるわけではない。なぜなら、解答が出る前に「価値判断」という厄介な媒介項が行く手を阻むからである。シュンペーターは、すべての市民が功利主義者になったと仮定しても、やはり問題は依然として未解決だとして、やや極端な例まで出している。「『健康』は万人にとって願わしいことには違いないのだが、さて種痘や輪精管の切開となると、人民はなかなか同意しないようなものである、等々」(前掲『資本主義・社会主義・民主主義』中巻、四六九頁)と。

第一と第二の帰結として、シュンペーターは、功利主義者たちが頼みにした「人民の意志」とか「一般意志」とかいう特殊な概念の基礎は崩れると主張する。長いあいだ「古典的民主主義」の学説に馴染んできた私たちには、シュンペーターが「公益」の存在を前提することに対して執拗なる批判を繰り広げているようにも思える。

だが、「公益」がないとすれば「私益」しかないことになる。そして「私益」すなわち己の利益を追求することは「経済人」モデルの基本でもある。その意味では、シュンペーターの考えは、ミクロの経済主体の合理化行動を通じて政治過程にアプローチする道を切り開くことになりはしないか。これはまさしく慧眼であり、彼はその延長線上に独自の民主主義の定義を提示することになるのである（のちに花開く「公共選択論」は、いわば、シュンペーターの洞察に学んで、政治過程の経済分析を展開したものだと言ってもよいだろう）。シュンペーターによる民主主義の定義はのちに見ることになるが、その前に留意すべきは、シュンペーターのこの分野での貢献が、経済学者よりはむしろ政治学者によってより高く評価されてきたことである。いまだに、専門誌ばかりでなく新聞や一般の雑誌にも、シュンペーターの「イノベーション」「企業家精神」「創造的破壊」などの言葉は踊っているが、彼の民主主義論が紹介されることはほとんどない。すでに二〇年も前に、政治学者の河野勝氏が次のように指摘しているのとは大違いである。

シュンペーターのこの選択は、現代の政治学の主流をなす経験実証主義的研究にそのまま繋がるものだということができる。こうした研究では、政治現象を理解するには、何よりもまず政治現象を作り出している個々の自律した「アクター」たちに着目すべきだ、というミクロ的分析視角が支配的である。シュンペーターが公益という概念を排除しようとしたのときれいに対応して、現代政治学においてアクターとして取り扱われる個人や社会的集団は、それぞれの「選好」、あるいは「効用関数」にしたがって行動すると前提されている。そして、これらの選好や効用関数は、分析上あらかじめ決められた外生変数として、つまり与件として取り扱われるのがふつうである。いいかえれば、現代の政治学では、各政治的アクターは「共同体」や「社会的規範」等のマクロ的文脈から独立して規定されうるということが分析の大前提に据えられており、シュンペーターの議論がいかに現代の政治学に生きているか、あるいは逆に、彼の立論がいかに現代の政治学を先取りしていたか、を物語っているのである。（「シュンペーターの民主主義理論――その現代性と課題」、日本政治学会編『年報政治学 20世紀の政治学』岩波書店、一九九九年、一八五頁）

権力闘争に対する慧眼

では、シュンペーターは、民主主義をどのように定義するのだろうか。彼が「公益」なるものを否定し、個々のアクターに注目したのはすでにみたが、そのアクターが獲得しようとつとめるのが人民の「票」であることをあらかじめ理解しておけば、次の文章は読みやすくなる。

古典的学説についてのわれわれの主要な難点が次の命題に集められていたことは、いまだ記憶に新たなところであろう。すなわち、「人民」はすべての個々の問題について明確かつ合理的な意見をもち、さらに進んで——民主主義においては——その意見の実現につとめる「代表」を選ぶことによって、自己の意見を実行に移さんとするものであるとの命題がこれである。かくてこの説によれば、民主主義的装置の第一義的な目的は、選挙民に政治問題の決定権を帰属せしめることにあり、これに対し代表を選ぶのはむしろ第二義的なこととされる。さてわれわれは、この二つの要素の役割を逆にして、決定を行なうべき人々の選挙を第一義的なものとし、選挙民による問題の決定を第二義的たらしめよう。これをやや言い替えるならば、われわれはここで、人民の役割は政府をつくること、ないしはあらためて国民的行政執行府または政府をつくり出すべき中間体をつくることにある、という見解に立つことになる。かくて次のごとく定義される。すなわち、民主主義的方法とは、政治決定に到達するために、個々人が人民の投票を獲得するための競争的闘争を行なうことにより決定力を得るような制度的装置である、と。（前掲『資本主義・社会主義・民主主義』中巻、五〇二〜五〇三頁。傍点は引用者）

シュンペーターは、自分の民主主義の定義のほうが「古典的民主主義」の学説よりも政治過程の理解を容易にすると考えているが、その理由をいくつも挙げている。だが、その詳細に立ち入るのは、政治学者に委ねたい。それにもかかわらず、私たちのような経済学をバックボーンにもつ研究者にも、シュンペーターの定義はいわゆる「リアルポリティックス」の本質を鋭く捉えているように思える。とくに、「個々人が人民の投票を獲得するための競争的闘争を行なう」という視点は、耳に心地よい、きれいな言葉で「公益」を強調する学説よりも、権力闘争の本質を浮き彫りにしてくれると言ってもよい。経済活動においても、たとえば、企業家が「タテマエ」として語るものと、彼が「ホンネ」として狙っているもののあいだには乖離があるのがふつうだが、シュンペーターほどの頭脳がこの現実を見逃すはずがない（さらに言えば、彼は、政治家として失敗したあと、ある銀行の頭取となってビジネスの世界にも入ってはみたものの、他人にさんざん利用されたあと莫大な借金を負うというつらい経験までしていたので、その「学習効果」が効いていたとも言える）。それゆえ、彼は、こんなことを言うのである。

人間社会を考察するさいに、当該社会が達成せんとつとめつつある種々な目的を、少なくともおおよそ常識的な仕方で明確化することには原則として困難はない。これらの目的は、それに照応する個々の活動の理論的根拠ないし意味を提供するものといってよかろう。けれどもそのことから、一つの型の行動の社会的意味が必ずその動力を提供し、したがってその説明を提供するはずであるというふうには結論できない。結論できないとすれば、社会的目的ないしは満たさるべき社会的必要の分析だけに甘んじている理論は、現にこの目的に奉仕している行動の十分な説明として受け取りえないことになる。たとえば、経済活動のごとき事柄がなぜ存在するかの理由は、いうまでもなく人々が食ったり着たりすること、等々を欲するがゆえにほかならない。これらの欲望を充足せしむべき手段を提供するのが生産の社会的目的ないし意味である。それにもかかわらず、かかる命題が商業社会における経済活動の理論としてはもっとも非現実的な出発点たること、ならびに、むしろ利潤に関する命題から出発するほうがはるかにましであることについては、すべての人の意見が一致している。同様にして、議会活動の社会的意味ないし機能が法律の制定および部分的には行政的施策の設定にあることは明白である。けれども民主主義的政治がいかにしてこの社会的目的を果たしているかを理解するためには、権力や官職を獲得するための競争的闘争から出発せねばならず、さらに社会的機能がいわば付随的に——あたかも利潤の獲得に対して生産が付随的なものであるのと同様に——満たされていることをも認識せねばならぬ。（前掲『資本主義・社会主義・民主主義』中巻、五二八〜五二九頁。傍点は引用者）

シュンペーターは、民主主義には不可欠の「政党」の意味も再考している。最近は、日本でも各政党が選挙前に「マニフェスト」を公表するようになったが、ある特定の政党が選挙で多数派を占めた場合、実際にマニフェスト通りに行動するかと言えば、必ずしもそうではないことは素人でも知っている。政党にも「タテマエ」と「ホンネ」があると言ってしまえばそれまでだが、シュンペーター流に、政党も人民の投票を獲得するための権力闘争をしていると考えるとなお理解しやすい。しかし、見落としてはならないのは、シュンペーターが、そのような権力闘争に勝利した政党が、次にその「闘争」あるいは「競争」を制限するような手練手管の限りを尽くす「可能性」を同時に示唆していることである。

> というのは、すべての政党はもちろん、ある一定時点においては一連の主義や綱領をちゃんと用意しているであろうし、またこれらの主義や綱領はそれを掲げている政党を特徴づけるとともに、その成功のために重要なものでもあろうが、それはあたかも、百貨店における商品の商標がその店の特徴を示すとともに、その成功のために重要であるのと同様である。けれども、百貨店の定義がその商標によっては下されえないのと同様に、政党の定義もその主義によっては規定されえない。政党とは、政治的権力を得るための競争的闘争において協調して行動することを目的として集まった人々の集団である。もしそうでないとでもいうのなら、まったく同じような、ないしはほとんど同じようなプログラムを掲げる政党がいくつも存在するというがごときことはありえないはずであろう。しかるにこれが実在しているのは万人周知の事実である。政党やその政策規制にあずかる政治家なるものは、選挙民大衆が

> 付和雷同することのほかには、なんらの行動をもなしえないという事実の楯の半面にほかならない。そして彼ら政治家の本質をなすのは、同業組合のそれに対応する活動とまったく同様に、政治的競争を規制しようという試みにほかならない。政党操縦や政党宣伝の心理学的技術たるスローガンや行進曲は、けっして第二次的なものではない。むしろそれらは政治に不可避的な要素なのである。政治的ボスもまたしかり。（前掲『資本主義・社会主義・民主主義』中巻、五三〇～五三一頁。傍点は引用者）

ミーゼス、ハイエクの場合

民主主義についてこのような卓見を提示したシュンペーターと比較すると、ミーゼスは、付随的に民主主義に言及することはあっても、その政治制度についての詳細な分析を展開したわけではない。たしかに、ミーゼスのファシズム論との関連で民主主義論を研究者がときに取り上げることはいまでもある（cf., Ralph Raico, "Mises on Fascism, Democracy, and Other Questions," *Journal of Libertarian Studies*, vol. 12, no. 1, Spring 1996）。たとえば、大著『ヒューマン・アクション』のなかには、次のような文章が登場している。

今日のすべての苦悩と悲惨の主要原因である集団主義思想が現代において見事に復興したため、自由主義社会哲学の根本的思想が忘れられてしまった。今日では、民主主義制度を支持する人々の多くでさえ、これらの思想を無視している有様である。自由と民主主義を正当化するために展開する議論は、集団主義的誤謬に染まっており、彼らの教説は、真の自由主義を擁護するよりもむしろ歪曲している。彼らの見地からすると、多数者は反対を押し潰す力を持っているという理由だけで常に正しいが、過半数の原則とは、最も多数を占める政党による独裁の原則であり、政権の座にある多数者は、その権力を行使し政務を行うに際して、何ら自制する義務はない。ある派閥が過半数の市民の支持を得るのに成功して政府機関の支配力を手に入れるや否や、その派閥自体が支配力を得るための闘争にこれまで用いてきたすべての民主主義的権利を、過半数の市民から意のままに奪うことができる。（前掲『ヒューマン・アクション』、一七六頁）

だからといって、ミーゼスは民主主義を決して否定しなかった。彼は続けて次のように言っているのだ。

もちろん、このような疑似的自由主義は、自由主義の教説と真っ向から対立する。自由主義者は、多数者が神のような無謬の者であると主張はしないし、ある政策が多数者に支持されたからといって、それが社会福祉に役立つ証拠になるとは主張しない。自由主義者は、多数者による独裁も、意見を異にする少数者への暴力による抑圧も、推奨はしない。自由主義は社会的協業の円滑な働きと、相互的社会関係の漸進的強化を擁護する政治的制度を目指している。人類の社会的協調を崩壊させ、すべての部族や政治的集団がお互いに果てしなく戦う野蛮な原始的状態に戻さざるを得ない暴力的闘争、戦争と革命を回避することが、自由主義の主要目的である。分業には平和が乱されないことが必要であるから、自由主義は平和を維持できると思われる政治制度、すなわち民主主義の確立を目指している。（前掲『ヒューマン・アクション』、一七六〜一七七頁）

ミーゼスは、ファシズムの脅威を逃れてアメリカに移住した人だったが、たとえば民主主義の行き過ぎのなかからファシズムが出現する可能性を警告するような文章は残していない。いまから見れば、多少ナイーブの感は免れないが、それだけ自由主義こそが民主主義の前提となるという信念が強く、その立場が揺るがなかったからだろう（この点は、この分野の最近の研究を紹介した越後《えちご》和典《かずのり》氏の見解と一致している。「君主制と民主制の政治経済学――ハンス＝ヘルマン・ホッペの業績」、『彦根論叢』no. 397, 2013 autumn）。しかし、ハイエクの民主主義論は、ミーゼスほど楽観的ではなかった。私たちは次にハイエクの民主主義論をやや詳しく検討しなければならない。

多数派の「暴走」

ハイエクは、いまでは、人気者である。ケインズ経済学全盛の頃は予想もできなかった事態だが、『隷属への道』を除くハイエクの本が広く読まれているわけではなさそうだ。ハイエクの民主主義論を読むときに注意すべきは、彼が「民主主義」と「自由主義」が本来違う問題に関心のある主義だということを強調していることである。日本では、日常語でよく「自由民主主義」のように両者を一緒くたにした言い方が普及しているだけに、この点はとくに重要である。

ハイエクによれば、「自由主義」とは、本来、政府の「権力の制限」に関心をもっているのに対して、「民主主義」とは、「誰が政府を指導するか」という問題に関心をもっている（「自由主義」一九七三年、『市場・知識・自由』田中真晴・田中秀夫編訳、ミネルヴァ書房、一九八六年所収、二三九〜二四一頁参照）。すなわち、民主主義に則《のっと》れば、選挙で多数派の票を握れば権力の正当性を要求できるが、自由主義はその多数派の権力が制限されなければならないというのだ。

二つの関心の違いが理解できていれば、「自由主義」が反対してきたのは「全体主義」であったのに対して、「民主主義」の正反対は「権威主義的政府」であることが明白なはずだとハイエクは言う。それゆえ、「自由主義」が「民主主義」と組み合わさることも十分ありうるが、「権威主義的政府」と結びつくことももちろんあるだろう。最悪は、「全体主義」と「権威主義的政府」の組み合わせだが、これも可能性としては決して否定できない。

かりに「自由主義」と「民主主義」の結びつきが望ましいという価値判断を前提にするならば、そのような「幸福な」結びつきが長続きするのは、多数派がその権力を恣意的に振るうことを「自制」する場合だけである。だが、ハイエクは、それは難しいだろうと考える。たとえば、現代日本のように、かろうじて多数派を握っているというよりは絶対多数を掌握している与党があれば、特定の団体に特殊利益を付与するような誘因がきわめて強くなりうる。しかもそれはさほど困難な政治状況ではないので、権力が「一般的利益」のために行使されるほうが難しくなるかもしれない。つまり、ハイエクは、多数派が「暴走」するようになれば、「自由主義」と「民主主義」の「幸福な」結びつきは維持できない危険性が高まると主張するのである。

以上の理由から、無制限の民主主義は、多数派を支持する多種多様な集団に利益を与える差別的政策に賛成し、自由主義的原理を放棄するだろうということが、ほとんど確実と思われるけれども、他方、もし民主主義が自由主義的原理を放棄するなら、最終的にそれ自身を保存できるかどうかもまた疑わしい。余りに広範かつ複雑なために多数決によっては効果的に処理できない任務を政府が背負い込むとすれば、事実上の権力は、民主主義的統制からますます独立する官僚制的装置に継承されるであろう、というのが不可避的なところと思われる。それゆえ、民主主義による自由主義の放棄は、結局、民主主義の消滅に導くということは十分にありうる。とりわけ、民主主義が向かいつつあると思われる種類の統制経済は、その効率的運営のために、権威主義的権力をそなえた政府を必要とする、ということはほとんど疑問がありえないのである。（前掲「自由主義」、二四一頁）

シュンペーターも「自制」という言葉を使っていたことが想起されるが、多数派が「自制」を忘れて暴走する結末が、「全体主義」と「権威主義的政府」の組み合わせという示唆は特筆に値する。この過程は、最初はおそらく見えない形で進行し、気づいたときにはその進行を止められず、最後は悲劇で終わる恐るべきストーリーである。決して遠い国の古い時代の話だとは思わないほうがよい。

問題の根源

ハイエクは、一九七〇年代になって、このような問題を再び体系的に論じる必要性を感じ始めたに違いない。そして、一九六〇年代の『自由の条件』に代わる、三巻からなる大著『法と立法と自由』が彼の思索の成果であった。この本は、大部であるだけにいろいろな読み方ができるのだが、私たちの関心では、第一に、民主主義的権力の分割の必要性とその困難を取り扱った諸章がとくに重要である。

ハイエクの思索は、みずから「政治的パンフレット」と呼んだ『隷属への道』よりもはるかに成熟している。『法と立法と自由』というタイトルに表われているように、ハイエクの懸念は、現在「代議員議会」(「立法部」)と呼ばれている制度が、事実上、一般的行動のルールの明確化や定式化の仕事と、特定の問題に対して行政的措置を命令する仕事の両方を担わされていることである。前者はたしかに立法部の仕事だが、後者は「行政」の担当である。ところが、現代では、立法部の仕事の大部分を行政的な仕事が占めるようになったので、私たちは、立法と行政の違いも明確に理解できなくなった。ハイエクは、問題の根源はここにあると考えている。

だが、立法よりもむしろ行政が代議員議会の主要任務となるにつれて、この任務に議会が有効であるには、行動計画に関して合意の得られる多数派の存在がその内部に必要となったのである。実際、近代の議会制度の性格は、立法という言葉の厳密な意味では、民主主義的立法の必要によってというよりも、むしろ完全に民主主義的行政の必要によって形成されてきた。行政機構全体の有効な管理、あるいはその監督下に置かれるあらゆる人的・動的資源の統御のためには、統一的行動計画に専心するある組織された多数派によって執行権が継続的に維持されねばならない。いわゆる行政は満たすことのできる特定の利益要求がどんなものであるかを絶えず決定しなければならないだろう。また、たとえ行政が自己の管理に一任されるような特定資源の利用に限定されるときでさえ、行政はさまざまな集団の要求の間で常に選択しなければならないのである。

あらゆる経験の示してきたところによれば、もし民主主義的行政がこうした任務を有効に果たすべきであるとするなら、行政は党の方針に基づいて組織されなければならない。もし有権者がその成果を判断できなければならないとするなら、代表者の間に、その行政行動の責任集団とみなされるある組織された集団が存在し、かつ、人々が現在の行政に不満の意を表明するならば、それに代わる行政を監視し、批判し、そして申し出る、ある組織された批判勢力が存在しなければならない。

しかしながら、主として行政を管理するために組織された団体が、厳密な意味での立法の任務、すなわち、この団体が日常の任務を推進する場合に制約となる法の支配の恒久的な枠組みを決定すること、にも適合している、というのは決して正しくない。(前掲『ハイエク全集10　法と立法と自由Ⅲ　自由人の政治的秩序』、四〇～四一頁)

ここで、ハイエクが、「法」と「命令」を区別していることを再確認しておいたほうがよいだろう。ハイエクは、一九世紀の法哲学者と同じように、自由主義的法概念をもっていたが、それは何よりも「個人的自由の保護」や「政府の権力の制限」を重視したものであった。この意味での「法」は、立法部が発するすべての「命令」を指すのではなく、「私法や刑法を構成する正しい行為の規則」のみを意味している。ハイエクがつねに強調したのは、特殊な「命令」と違って、「法」はすべての人に同じように適用される「一般性」をもっていなければならないということであった。

かれら〔ロック、ヒューム、スミス、カント、イギリスのウィッグ派など〕が自由の不可欠な保護手段として法について語ったとき、その念頭にあったのは、私法や刑法を構成する正しい行為の規則だけであって、立法当局によって発せられるすべての命令ではなかった。政府が強制する規則を、イギリスの自由主義的伝統が自由の条件を述べるために用いた意味の法とみなすためには、イギリスのコモンローのような法には必ず備わっているが、成文法には必要でない特定の属性をもっていなければならなかった。つまり、それらは、いくつあるかわからない将来の事例において万人に同じように適用可能な、個人の行為についての一般的規則、個人の保護をうける領域を画定する一般的規則でなければならず、従って特殊命令の性質のものというよりむしろ禁止の性質のものでなければならない。それゆえ、そうした法はまた私有財産制度と不可分である。この私有財産制度は、個人が自分に適当と思われる仕方で自分の目的を追求するさいに、もてる知識と技能を自由に用いてよいと想定する正しい行為の規則によって決定される範囲内にあった。（前掲『自由主義』、二二六頁。〔〕内は引用者が補った）

一九七〇年代中頃の政治状況

「法」と「命令」の区別にこだわるハイエクの問題意識は、自由主義的法概念や多数派の暴走に対する懸念とパラレルになっていることがわかるが、もう一つの側面として、一九七〇年代中頃からの政治状況が、福祉国家路線の衰退、ケインズ主義の退潮、保守主義の復活などの時期と重なっていることにも注意してほしい。ハイエクはみずからの思想が「保守主義」の烙印を押されることには閉口していたが、彼の一九世紀的法哲学への固執や私有財産制度の伝統や慣習の尊重を考えに入れると、どうしても「後ろ向き」の思想だというイメージを世間は抱いてしまう。それにもかかわらず、彼があえてそうしたのは、立法と行政が多数派の暴走に身を委ねると、自由主義も民主主義も機能不全に陥った政治体制が生まれる可能性があることを真剣に危惧したからだろう。ハイエクは、次のように言っている。

民主主義的理想の明らかな勝利と共に、法を制定する権力と命令を発する行政権力が同じ集会の手に握られてしまった。その結果、必然的に、最高の統治権は、その時々の特定目的を達成するのにもっとも役立つものであれば、どんな法でも、日々、自由に手に入れることができるようになってしまった。だが、それは必然的に法の下の政府という原理の最期を意味した。単に厳密な意味での立法だけでなく、また行政も民主主義的手続きによって決定されるべきである、と要求することは十分合理的であったが、両方の権力を同じ集会（ひとつないしは複数）の手に委ねることは実際、無制限の政府への復帰を意味した。

それはある初期の信念、すなわち、民主主義は多数派に従わなければならないので、一般利益になることだけをすることができる、という信念を無意味なものにしてしまった。多数派に従うということは、一般法だけを制定するか、あるいは真に一般的な利益の問題を決定することのできる団体にあてはまったであろう。だが、これは、無制限の権力をもち、それらの権力を、一部の小集団の票あるいは有力な個人の票でさえ含む特定利益の票を買い集めるために、行使しなければならない団体にはあてはまらないだけでなく、まったく不可能である。そのような団体、すなわち、一般ルールに自らを縛りつけることによって自己の決定の正義に対する信念を論証する、という責任がその権限に課されていない団体は、絶えずさまざまな集団からの支持に対して、特別な便益を与えることによって報いる必要に迫られている。現代民主主義の「政治的必要」はすべて多数派の要求するものとなんと懸け離れていることか！（前掲『ハイエク全集10　法と立法と自由Ⅲ　自由人の政治的秩序』、一四二～一四三頁）

余談だが、ハイエクの民主主義論は、「全能の政府」（明らかにナチス・ドイツを指しているが）は「自由市場経済」のもとでは生まれ得ないと考えた、単純明快ではあるがやや深みに欠けるミーゼスの見解よりも現代の読者により多くの示唆を与えているように思われる。ミーゼスは、ファシズムの手にかかる直前にスイスに逃れることができたという意味で、ファシズムの脅威を肌身で感じていたはずだが、『全能の政府』（初版は一九四四年）と題する著作を読んでみても、民主主義論を詳細に論じた部分は見当たらない。たとえば、結論部分には、このような言葉が登場するに過ぎない。

空想にふけるのは無駄である。政府によるビジネスの統制は、平和的解決が見出し得ないような紛争を生じさせる。非武装の人間や商品が国境を渡るのを防ぐのは簡単だった。しかし、軍隊がそれを試みるのを防ぐのははるかにもっと困難である。社会主義者や他の国家社会主義者は、経済学者が発する警告を無視するか、沈黙させることができた。彼らは大砲のとどろきや爆弾の炸裂を無視することも静めることもできなかった。

全能の政府の支持者がどんなに美辞麗句を並べ立てたとしても、永久平和を生み出す体制は一つしかない事実を抹殺することはできない。すなわち、自由市場経済のみが平和を生み出すのだ。政府による統制は経済的ナショナリズムに通じ、それゆえ、結果的に紛争を生じさせる。(Ludwig von Mises, *Omnipotent Government: The Rise of the Total State and Total War*, first published in 1944, Liberty Fund, 2010, p. 286)

「自由経済市場」があれば経済的ナショナリズムもナチズムも生じなかったはずだというミーゼスの見解は、第二次世界大戦後も基本的に変わらなかった。自由主義が、ある程度、戦争への抑止力になることはありうるだろうが、やや甘い見方であることは間違いない。その点に関する限り、シュンペーターやハイエクのほうが、政治過程についての洞察が深かったと思う。

「独占権」への抵抗姿勢

ハイエクに戻ろう。ハイエクは、すでにみたように、多数派の暴走が立法と行政を牛耳るようになると、民主主義も自由主義も自滅する危険性を何度も指摘した。だが、このような論法は、その危険性が、立法部が行政に過剰に介入するような権力をもつことを制限することによって除去しうるという主張にもつながる。ハイエクはまさにそう考えていた。

最近、中央政府の権力の増大は中央計画者によっても大幅に助長されてきた。というのも、かれらのなかには、自分たちの構想が地方レベルあるいは地域レベルで失敗に終わると、決まって、それらが有効であるためにはより大規模なレベルで適用されねばならない、と主張するものがいたからである。適度な範囲の問題であっても、それを征服できなかったことが、しばしば、中央の指令あるいは権威による統制にはなおさら適しないはるかに野心的な構想を試みるための口実とされた。

だが、現在、中央政府の優位性が増大している決定的な根拠は、少なくとも統一国家においては、このレベルでのみ立法が無制限の権力を保有する、ということである。だが、いかなる立法も無制限の権力を保有してはならない。さもなければ、立法は、経済過程の統制を望みどおりに達成するために必要となる自由裁量的かつ差別的な手段を用いる権力を行政に与えるように、その「法」を形作ることができるからである。もし中央政府が地方政府にはできない多くのことを命令できるなら、集団の要求を満たすもっとも簡単な方法は、これらの権力を保有する権威にその決定を任せることである。したがって国（また、連邦国家においては州）の立法部から、行政に差別的な権力を与えるために立法を使用するという権力を奪い取ることによって、あらゆる政府の漸進的な中央集権化の主要原因が取り除かれるであろう。（前掲『ハイエク全集10　法と立法と自由Ⅲ　自由人の政治的秩序』、二〇一頁）

共産圏の国々でさえその歴史を調べてみると、中央政府の命令が地方政府にまで行き渡らなかった例はたくさんあったし、いまでも、ありそうである。資本主義諸国でも同様である。ハイエクは、中央政府の計画通りに地方政府が動かない失敗の例を挙げ、それを中央政府によるさらなる統制の増大によって挽回しようとしがちな事実を的確に指摘している。だが、中央の立法部によって制定された一般的ルールさえ遵守するならば、地方政府が大部分の公的サービスを提供することは許されるはずだという。

だが、政府の公的サービスの地方政府への委任は、何もハイエクが言い始めたことではないし、実際、ハイエクはそこでとどまらず、さらには公的サービスを政府が独占することを「廃止」するというよりラディカルな提案をしている。ハイエクは、ここでも、中央政府の「独占権」に対する抵抗姿勢を徹底しようとしている。その結果、地方政府が「市民と競争する準営利法人」になるだろうという示唆も重要だが、テキストを注意深く読む限り、中央集権主義が現代社会に住む人々から自分たちの利害に関係する問題に口を出すことを封じてしまったことのほうを問題視しているように思える。なぜなら、それは現場の人々がもっている知識や知恵の宝庫を台無しにしてしまうからだ。彼は次のように言っている。

> 政府の大部分のサービス活動の管理を、より小さな単位に再び委任することは、おそらく、中央集権化によってほとんど絶やされてしまった共同体精神の復活につながるであろう。現代社会にしばしば感じられる不人情は、現代人が主として自分の知らない目的のためにやむをえず働いている経済過程の非人格的な性格の結果というよりも、政治的中央集権化が主として、かれの知る環境を形成するにあたって言いたいことを言う機会を、かれから奪い取ってしまった、という事実の結果である。大きな社会だけが抽象的な社会でありえる。それはまた、一つの経済秩序である。すなわち、個人は、この秩序から自分のあらゆる目的のため

の手段を獲得することによって利益を得るし、また、この秩序に自分の匿名の貢献を果たさなければならない。これはかれの情緒的、人間的な要求を満たしてはくれない。普通の人にとって、自分の地方の業務の指導に関係することはひじょうに大切なことである。こうした業務は今や、かれが知っている人々、また信頼に値するかどうかを知ることのできる人々の手から、大幅に取りあげられ、かれにとって非人間的な機械であり、いっそう関係の薄い官僚の手に委ねられている。また、その個人が知っている範囲内で、かれの関心を呼び起こし、かれを誘ってかれの知識と意見を提供させることはひたすら有益でありうるが、もしかれが、主としてかれに明らかに関係ない問題に関して意見を述べるよう求められるなら、それはただあらゆる政治に対する軽蔑を生み出すだけにすぎない。（前掲『ハイエク全集10　法と立法と自由Ⅲ　自由人の政治的秩序』、二〇二～二〇三頁。ただし、「偉大な社会」は「大きな社会」に置き換えた）

ハイエクの言う中央政府の「独占権」は、政府サービスの独占を廃止するという簡単な方法でも打破することができるが、福祉国家路線が定着していた戦後四半世紀のあいだは抵抗が強かった。ハイエク以外でそのような抵抗を突き破ろうとした例としては、フリードマンの『資本主義と自由』（一九六二年）が思いあたる（熊谷尚夫ほか訳、マグロウヒル好学社、一九七五年）。だが、ハイエクは、「教育」「輸送」「郵便」「電信・電話」「放送サービス」ばかりでなく、「公共事業」「社会保険」「通貨発行」までも政府による「独占権」を奪うべきだとより徹底した主張をしている。

「自由社会」そのものが問われている

何が何でも政府サービスの独占を死守すべきだというのも一方の極だが、現実には、ケースバイケースで考えるというプラグマティックな判断も必要だろう。だが、ハイエクはこの点では「原理主義者」で、「効率性」の問題というよりは、「自由社会」そのものが問われる問題だと考えている。

だが、これらの事例の一部において、政府がそれらに対する独占権を保有すべきかどうかという問題は決定的な重要性をもっている。それは単に効率性の問題ではなく、自由社会の保持に対して重大な意義をもっている。これらの事例においては、政府のあらゆる独占権に対する反論のほうが優勢でなければならない。たとえ、そのような独占がより高品質のサービスを約束するとしてもである。われわれはなお、たとえば、政府の放送独占が、出版の自由の廃止と同じように、政治的自由に対する重大な脅威となる、ということを発見するかもしれない。郵便制度も、もっぱら私的活動を統制しようとする政治努力の結果として、現に支配的であるような政府独占が生まれた別の例であり、この独占は世界の多くの地域で、サービスの絶え間ない悪化を生み出してきた。(前掲『ハイエク全集10 法と立法と自由Ⅲ 自由人の政治的秩序』、二〇四~二〇五頁)

少し前に名前を出したフリードマンは、経済的自由に関する見解の大部分をハイエクと共有しているが、政府による通貨発行の「独占権」に関する限り、両者の意見は異なる。というのは、フリードマンによるインフレ抑制策の提案として有名だった中央銀行による貨幣供給(マネー・サプライ)のコントロールは、そもそも政府(中央銀行を含む)が通貨発行の「独占権」を保持し、それを完全に制御のもとに置くという前提が崩れれば成り立たないからだ。だが、ハイエクは、政府から通貨発行の「独占権」を取り上げるべきだと主張する『貨幣発行自由化論』(一九七六年)まで書いた(川口慎二訳、東洋経済新報社、一九八八年)。出版時期からみて、ハイエクは、ほぼ同時並行しながら、『法と立法と自由』の執筆を続けていたのだろう。それゆえ、次のような言葉が出てきても、何の不思議もない。

しかしながら、とりわけ、私は本書の執筆過程で、政治的および経済的な考察を繰り返すうちに、次の点を堅く確信するに至ったことを強調しなければならない。すなわち、もし通貨発行の独占権が政府から取り上げられないなら、自由経済システムが再び思いどおりに働くことは決してないだろうし、われわれがそのもっとも重大な欠陥を取り除くことも、政府の不断の伸長を抑えることも決してないだろう、ということである。私は別の本でこの議論を発展させることが必要だと判断した。だが、実際私はいま次のことを恐れている。すなわち、圧制、その他の政府権力の乱用からのあらゆる保護を、本書で示された方向に沿って政府を再構成することによって達成しようとしたが、もしそれと同時に通貨供給に対する政府の統制権が取り除かれないなら、その再構成はほとんど役に立たないのではないか、ということである。私は、もはやどんな厳格なルールをもってしても、政府による通貨供給が正当な通貨需要を満たすと同時に通貨価値を安定的に維持する、ということを保証することはできないと確信しているので、私には、現行の国民通貨を私企業によって供給されるさまざまな競争通貨に置き換える以外、これを達成する方法はないように思われる。それによって、民衆は自分たちの取引にもっとも役に立つ通貨を自由に選ぶことができるであろう。(前掲『ハイエク全集10　法と立法と自由Ⅲ　自由人の政治的秩序』、二〇五頁)

ハイエクの思考法からみると、彼の最晩年に「統合」そして「共通通貨」(ユーロ)へと歩み始めたヨーロッパの動きは、「自由」の危機として映っていたのかもしれないし、ここ数年、「統合」の足並みが乱れだしたのは「無理」をしたツケが回ってきたと捉えられるのかもしれない。実際、それを示唆するかのような文章も書いているが、とすれば、ベルリンの壁の崩壊を見届けるまで長生きした彼の生涯は、必ずしもハッピーエンドに終わらなかったと言ってもよいのではないか。代わりに天下を取ったかのように論壇を席巻《せっけん》したのが、ハイエクの思想とは似て非なる市場原理主義だとすれば、私にはどうしてもそう思えて仕方がない。

私は読者が次の点を難なく理解するだろうと信じている。すなわち、完全に統一された国家の解体と、ある原理、つまり、あらゆる至上権が本質的に消極的な任務——ノーという権力——に限定されなければならないのに対し、あらゆる積極的な権力は、自ら変えることのできないルールに従って行動しなければならない、という原理が、どういうふうに、国際組織に幅広く適用されねばならないか、ということである。私が以前に示唆したように、今世紀において、平和を保証できるある国際政府を創出しようとしたわれわれの試みは、一般に間違った目的からその任務に接近してきたように、私には思われる。すなわち、国民政府の権力を制限して、互いに損害を与えないようにする真の国際法を目ざすことよりも、むしろ特定の規制を目ざす多数の専門化した権威を創出する、という目的がそれである。もし最高の共通価値が消極的なものであるなら、単に最高の共通ルールだけでなく、最高の権威もまた、本質的に禁止令に制限されるであろう。（前掲『ハイエク全集10　法と立法と自由Ⅲ　自由人の政治的秩序』、二〇六頁）

ハイエクという座標軸

さて、ハイエクは、以前ほど「保守反動」のレッテルを貼られることもなくなり、若者がふつうにその著作をひもとくことができるようになった。これは何度か指摘した通りである。このような雰囲気のなかで、戦後日本の論壇では例外を除いて疑われることのなかった自由主義や民主主義の価値そのものを再考すべきだという主張が一部の論客（たとえば、「真正保守」の思想家たち）によって主張されるようになった。彼らは決してハイエク主義者ではないが、ハイエクが問題にした「多数派の暴政」に対する鋭い嗅覚をもっており、他方で「自由」に至上の価値を求めるハイエク社会哲学の急所をよく理解している人たちではないだろうか。たとえば、佐伯啓思《さえきけいし》氏（京都大学名誉教授）の著作を何冊か読むと、その点がくっきりと浮かび上がるように思えるのである。

自由が無条件に大事だと言ってしまうと、とんでもない「悪」をなす自由も認めることになりますし、単なる放縦も認めなければなりません。「自由」が大事なのではなく、「自由」によって何をするかが大事なのです。

市場競争についても同じです。経済を活性化することによって、どのような生活をするか、どのような国土をつくるかが大事なのであって、市場競争そのものが大事なのではない。富を生み出すことそのものではなく、富をどう使うのかが重要なのです。

民主主義も同様です。民主主義そのものが大事なのではなく、民主政治で国民の意思を吸い上げることによって、国民の中にある文化や価値の重要なものが政治の場に表現されることが大事なのです。

したがって、日本人がいかなる文化を重んじ、いかなる価値観を持つかがある程度了解され、ハッキリしてこなければ、自由も民主主義もうまく機能しません。

それにもかかわらず、今日の日本では、物事がうまくいかないと、行政の管理や規制が厳しくて自由がないからだ、あるいは民主主義が実現していないからだ、さらには市場競争が機能していないからだ、と言われます。

確かにそうした面もあるでしょうが、現代日本の問題の根源は、そこにはありません。自由や民主主義、市場競争によって、何を実現したいのか、どんな社会をつくりたいのか。そのヴィジョンも、プランも、想像力もなくなってしまったところにこそ問題があるのです。しかし、それはある意味では、しかたのないことです。われわれは「戦後」という時間にあって、すでに達成すべきものは達成してしまいました。われわれは、もはや本当に切実な問題には直面していないとも言えます。

切実な問題はないにもかかわらず、不満やいらだちは募る。どこまでいっても窮屈な感じは否めない。そこで、いっそうの自由を、いっそうの民主主義を求めることになる。それが戦後の公式的な価値としては最もわかりやすいからです。

こうして、ますます不安やいらだちだけが募り、結果として、ますます身動きのできない状態に自らを置いてしまう、というのが今日の日本人の姿ではないでしょうか。(『自由と民主主義をもうやめる』幻冬舎新書、二〇〇八年、七二~七三頁)

実に巧みな文章である(タイトルはやや誤解を招きやすいが)。「ハイエク」の名前はどこにも出てこないが、それでも私は、ハイエクという座標軸を置いて佐伯氏の主張を聞いてみると、実に見通しがよく、理解もしやすいように思えてならない。もとより「真正保守」の思想に疎《うと》い私にはそれを論じるだけの準備も資格もない。けれども、偉大な思想家の影響は、プラスマイナスを含めて、深いところで論客の頭脳に影響を与えるものである。長年、経済学者や経済思想家の著作を繰り返し読むことを通じて得られた「経験則」のようなものである。

さて、長いあいだ、シュンペーターの民主主義論は、一部を除いて正当な評価を受けてこなかった。私は、過去に何度か、シュンペーター研究者とこの問題を話題にしてみたが、それほど生産的な議論にはならなかった。

そして、あるとき、シュンペーターの民主主義論は、「経済人モデル」というあまりに新古典派的な思考法を応用しているところが不人気のもとなのではないかと気づいた。シュンペーターの発展理論は、「創造的破壊」と言われるように、「均衡破壊」であるがゆえに人気が高いのだ。それなのに、民主主義論では、新古典派的思考法そのものである「経済人モデル」が使われている。シュンペーターのファンがそれを喜ばないことは十分に想像できる。

とくに、「公益」などはないと言い切ったシュンペーターの立場は、彼の経済思想に好意的だったマルクス主義者や社会主義者たちには受けがよくなかった。それゆえ、政治過程の経済分析に関心のある研究者たちがシュンペーターの民主主義論を再評価する動きが出たときも、彼らの反応は鈍かったのである。

シュンペーターは、第一次大戦前のハプスブルク帝国を心の底から愛していたように、根っこのところでは、ミーゼスやハイエクと同じくらい保守的な人であった。それを単なる「保守派」

で終わらせなかったのは、彼にマルクスから学んだ動態的な資本主義のヴィジョンがあったからである。それにもかかわらず、民主主義論では、彼は新古典派の「経済人モデル」に近づいている。それゆえ、彼の民主主義論がいかに斬新でも、シュンペーター研究者のおおかたの評価は、それを彼の顕著な貢献とは認めていないように思われる。

ここには、経済思想と政治思想の評価の違いという重要な論点が含まれるが、それを論じるだけの時間も能力も私にはない。今後、両分野の研究者の協同がすすむことを期待したい。

第五章

資本主義はどこへ向かうか——「真意」を読み解く

資本主義をどう評価するか

ミーゼス、シュンペーター、そしてハイエクの三人は、たまたま落日のハプスブルク帝国のウィーン大学に学んだという共通点があるが、同じように、資本主義のヴァイタリティを高く評価する点でも類似の思想をもっていた。もちろん、その評価の「仕方」はそれぞれ微妙にずれがある。

三人のなかでインテリのあいだに「反資本主義的メンタリティ」が広まっているのにもっとも憤慨したのはミーゼスである。ミーゼスほど資本主義が成し遂げた「光」の部分を何の躊躇《ためら》いもなく強調し続けた経済学者はいないかもしれない。アメリカに移ってからも資本主義擁護論を展開したが、その国の一部に根強く残っている「レッセ・フェール」（自由放任主義）の伝統と共鳴し合ったので、ニューヨーク大学をネオ・オーストリアンの拠点にまで育て上げることに成功した。だが、一九七三年というまだ経済学界でケインジアン（アメリカ的な「新古典派総合」の立場に立つケインジアンの意味）が学界の多数派を占めた時代に亡くなったので、ベルリンの壁の崩壊を自分の目で見届けることはできなかった。

他方、ハイエクは、壁が崩壊していく過程をつぶさに観察できたという意味では幸運な経済学者だったが、前の章で述べたように、最晩年はヨーロッパが「統合」と「共通通貨」を目指して動き出したのを不安な心でみつめていたに違いない。ハイエクの資本主義擁護論は、彼の社会主義批判の裏返しでもあるが、ヨーロッパの社会哲学に通じていた彼は、その擁護論を一八世紀イギリスに花開いた「真の個人主義」（ヒューム、スミスなど）の流れと関連づけたところに特徴がある。

ミーゼスやハイエクと比較すると、シュンペーターの資本主義への賛辞は、ある意味でロマンティックな感情の吐露とも言える。たしかに、彼は資本主義を資本主義たらしめる企業家のイノベーションを終生賛美したが、しかしながら、歴史の流れは長期的には資本主義から社会主義へと向かいつつあるというある種の諦めの境地に達していた。もちろん、だからといって、「トラスト化された資本主義」において企業家機能の無用化が進行するのをみて、ただちに資本主義の死を宣言するほど単純ではなかった。彼は、自分にとって大切なものが時代の流れによって消える運命にあることを認めながらも、それが自分の生きているうちに起こらないことを祈るような思いで物を書いていたのではなかったか。経済学者として「客観的」に資本主義が衰退していくと論じながら、それは何も自分がそれを「望んでいる」からではないと書き添えたのはそのために違いない。

「反資本主義メンタリティ」への反論

さて、ミーゼスのライフワークが『ヒューマン・アクション』だったことは何度も触れたが、この章で取り上げるのにピッタリの著作として『反資本主義的メンタリティ』（一九五六年）があるということは、日本語版がないせいかあまり知られていない。だが、書いてあることは、『ヒューマン・アクション』を読んだことがあればおよそ推測がつくという意味で地味な本ではある。それにもかかわらず、ここで取り上げるのは、ミーゼスがその本のなかで世の中にはびこる「反資本主義メンタリティ」に対して比較的平易な言葉で反論を試みているからである。

ミーゼスは、資本主義という体制の社会的特徴を、何よりも「消費者主権」の貫徹という点に求めている。

> 現代資本主義の特徴は、大量の財が大衆によって消費されるために前もって生産されるように定められていることである。その結果、平均生活水準が絶えず向上する傾向が生まれたが、これが多数の人々を漸進的に豊かにしてきたのだ。資本主義は、「ふつうの人間」をプロレタリアの地位から脱却させ、「ブルジョア」の地位にまで引き上げたのである。
>
> 資本主義社会の市場については、ふつうの人間が主権をもつ消費者であり、彼が購入したり購入を控えたりすることが、究極的に、何を生産すべきか、そして、どれだけの量と質のものを生産すべきかを決定するのである。より富裕な市民の洗練された奢《しゃ》侈《し》品《ひん》に対する需要にもっぱら、あるいは主に応えているような店や工場もあるが、それらは、市場経済の経済的装置において単に従属的な役割を演じるに過ぎない。そのような店や工場は、決して大企業の規模に到達することはない。しかし、大企業は、つねに——直接的または間接的に——大衆に奉仕しているのである。(Ludwig von Mises, *The Anti-Capitalistic Mentality*, first published in 1956, reprinted by Mises Institute, 2008, pp. 1–2)

ミーゼス夫人マルギットによれば、彼女は夫がみせてくれる原稿にはあまり感想めいたことは言わないようにしていたらしいが、一度だけ、次のようなことがあったらしい。「自由企業と自由市場に関するルーの所説を読んだ私は、自由市場の最も重要な事実は、貧しい人々に役立つ点だと思うと彼に話した。社会主義体制の下よりも自由市場での方が、貧しい人々はもっと多くの消費財を獲得し、よりよい暮らしをすることができるからである。したがって、この点を強調して、できる限りわかりやすく書いた方がよいと言ったところ、ルーは私を見て、しばらく考えていたが、「お前が正しいようだね。」と言った。もちろん、私の意見がどれだけ彼に影響したかはわからない」（前掲『ミーゼスの栄光・孤独・愛』、九二頁）。私も夫人の影響の程度はわからないが、ミーゼスは、もともと、このような比較的単純明快な言い方を好む人だったから、夫人のアドバイスが彼の嗜好に合っていたというほうが正しいだろう。

「消費者主権」とシュンペーター

ところで、「消費者主権」という言葉は、経済学の初学者でも知っている基礎概念だが、経済学者のこの概念に対する態度は微妙に異なっている。ミーゼス、ハイエク、シュンペーターの三人のなかでは、ミーゼスがこの概念を資本主義の一番の特徴としてほかの二人よりも重視しているように思われる。ハイエクは決してこの概念の重要性を否定していないが、社会主義とは異なる資本主義の特徴としては、「知識の分散」のほうに注目していた。三人のなかでは、唯一、シュンペーターが「動態」における企業家の指導者機能が「消費者主権」を完全に支配下に置くという新しい認識を提示した。この点は強調に値《あたい》する。

経済的観察は、欲求充足があらゆる生産活動の基準であり、そのときどきに与えられる経済状態はこの側面から理解されなければならないという根本的事実から出発するものであるとしても、経済における革新は、新しい欲望がまず消費者の間に自発的に現われ、その圧力によって生産機構の方向が変えられるというふうにおこなわれるのではなく――われわれはこのような因果関係の出現を否定するものではないが、ただそれはわれわれになんら問題を提起するものではない――、むしろ新しい欲望が生産の側から消費者に教え込まれ、したがってイニシアティヴは生産の側にあるというふうにおこなわれるのがつねである。これが慣行の軌道における循環の完了と新しい事態の成立との間の多くの相違の一つである。すなわち、供給と需要とをたがいに原理的に独立した要因として対立させることは、第一の場合には許されるが、第二の場合には許されない。この結果として、第一の場合の意味における均衡状態は第二の場合にはありえないことになる。（前掲『経済発展の理論』上巻、一八一～一八二頁）

だが、ミーゼスは、資本主義という経済体制が以前は貧しかった人々にも経済的な豊かさに近づける道を開いた点をもっぱら強調している。マルクスやシュンペーターも、資本主義の発展が史上かつてないような莫大な生産力を実現したことを重々承知していたが、そのよい面ばかりをみていたのではなかった。ところが、ミーゼスは、意識的に「大衆のための資本主義」を強調しているようにみえる。

資本主義の下では、ふつうの人間が、昔は未知で、したがって最も富裕な人々でさえ近づけなかった快適さを享受している。しかし、もちろん、これらの自動車、テレビ、そして冷蔵庫は、人間を幸福にするわけではない。彼がそれらを獲得した瞬間は、以前よりも幸福になったように感じるかもしれない。だが、彼の願望の一部が満たされるとすぐに、新しい願望が湧き出る。人間性とはそんなものだ。

ほとんどのアメリカ人は、自分たちの国が最も高い生活水準を享受しており、平均的なアメリカ人の暮らしぶりが、非資本主義国に居住する計り知れない大多数には信じがたいほど手の届かないものにみえるという事実を十分に理解していない。たいていの人は、自分たちがもっているものや、もしかしたら獲得できたかもしれないものを過小評価し、自分たちには近づけないものを渇望する。このようなもっともっと多くの財に対する飽くことなき欲求を嘆いても無駄だろう。このような渇望こそがまさに推進力となって、人間は経済的向上への道を歩んできたのだ。すでに手に入れたもので満足したり、自分自身の物質的状況を改善するいかなる試みにも無関心で差し控えたりすることは、美徳ではない。そのような態度は、理性のある人間の行為というよりはむしろ動物の行動である。人間を第一に特徴づける印は、意図的な活動によって自分の福利を向上させるための努力を決してやめないことなのだ。

(Ludwig von Mises, *The Anti-Capitalistic Mentality*, *op.cit.*, p. 4)

ミーゼスが亡くなって一六年後には、ベルリンの壁が崩壊し、その後、論壇では「資本主義対社会主義」の闘争に資本主義が圧倒的な勝利をおさめ、「市場メカニズム」にすべてを任せれば経済問題は解決されるのだ、という素朴な「市場原理主義」が跋扈《ばっこ》し始めるのだが、ミーゼスの主張が全面的に正しかったのかと言えば、必ずしもそうではない。

「新古典派総合」の考え方

ミーゼスが亡命してから亡くなるまで暮らしたアメリカでは、一九三〇年代の大恐慌の教訓に学んで、いわゆる「自由放任主義」には明らかな欠陥があり、重要な分野で政府による経済管理が必要であること、しかしながら、これは何も「価格メカニズム」を放棄することではなく、「修正された自由主義」を意味するに過ぎないことが、第二次世界大戦後から少なくとも一九七〇年代中頃までの「社会的合意」事項であった。これは、サムエルソンの有名な教科書『経済学——入門的分析』（初版は一九四八年、その後三〜五年の間隔で改訂された）の初めのほうに出てくる「混合経済」（mixed economy）の考え方であり、経済学的には、サムエルソンが「新古典派総合」（市場メカニズムを基本的に信頼した新古典派経済学と、「有効需要の原理」によって総需要管理の必要性を論証したケインズ経済学との「総合」の意味）の名で体系化したものである。

「混合経済」という言葉は、いまや死語に近いが、私は、以前、『市場主義のたそがれ』（中公新書、二〇〇九年）という本を書いたとき、社会主義に勝利したのは、混合経済的な資本主義であって、純粋な資本主義ではないと強調しておいた。だが、その主張の意味が本当に理解されたのか、多少訝っている。私が大学に入学した一九八一年の時点では、衰えたとはいえサムエルソンの「権威」は相当なものであり、彼の教科書もまだ広く読まれていた。第一〇版（原著は一九七六年刊）の第三章は、「『混合経済』における価格の機能のしかた」と題されているが、その章の「要約」には、「混合経済」とはどんなものなのかについての、サムエルソンによる平易だがきわめて重要な解説が含まれていると言ってよい。

1．価格機構は、競争市場での需要や供給を通じて機能し、経済組織の三つの基本問題に答えを与えるよう作用する。この制度は完全ではないが、〈何を〉〈いかに〉〈誰のために〉という問題を解決する様式の一つである。

2．ひとびとがドルの形で行なう投票が財の価格に影響を与える。そしてこの価格は、各種の財をどれだけ生産したらよいかの指針としての役をはたす。ひとびとがある財を余計に求めているときには、競争的な事業家はその財の生産を拡大することによって利潤をあげることができる。完全競争のもとでは、事業家は、労働や土地やその他要素で相対的に安いものを使い、相対的に高いものの利用を節約して、できるだけ安く生産する方法を見出さなければならない。そうしなければ、彼は損失を招き、落伍するよりほかないだろう。

〈何を〉〈いかに〉という問題が価格によって解決されるのと同時に、〈誰のために〉という問題も同様に解決される。所得の分配は要素価格の競争的な上下へのせり合いで決定される。そのさい要素価格とは、各種の労働の賃金、土地の地代、書物の著作権使用料、および資本にたいするさまざまの収益である。地味の肥えた土地をもつ人や大勢の人に喜ばれる流行歌手などは、消費財市場で使うことのできるドルの投票数を余計に受取ることとなるだろう。そして、財産または教育のない人や市場が冷遇する技能をもつ人、皮膚の色や性が不利な人は、年々の所得が低い。

3. われわれの経済は二重の意味で混合的である。すなわち、政府が民間の創意に限定を加えるという点と、独占的要素が完全競争の働きを制約するという点とにほかならない。(ポール・A・サムエルソン『経済学』上巻、都留重人訳、岩波書店、一九七七年、九五頁。傍点は引用者)

この文章は、価格メカニズムの役割を正当に理解した上で、それでも、独占的要素によって完全競争の機能が十分に発揮できないケースがありうることを指摘している。その場合は、もちろん、政府が「民間の創意」に制限を加える必要もあるという。だが、新古典派総合という場合は、もう一つ、マクロの分野での政府干渉の可能性が示唆されなければならない。サムエルソンは、もちろん、その点はわきまえており、先の要約に続けて、次のように述べている。

4. 資本財——機械や住宅や仕掛り品の在庫のような、生産によって得られる投入——は一国の産出高に大きな寄与をする。迂回的で時間を要する生産方法は発足させるのにひまがかかるから、資本財の蓄えをふやすのには、現在の消費を一時的に犠牲にすることが必要となる。そのさい利子率が割当や誘導の役を果たす。

5. 混合経済のもとでは、資本財はその大部分が私有財産として所有され、それが作りだす所得はその所有者のものとなるか、ないしは税金の形で吸いあげられる。共産主義のもとでは、国家が資本財を所有する。どのような制度においても、財産の私有権は無制限のものではない。

6．特化と分業が近代の経済の特徴をなしている。そのおかげで生産性は高まるが、同時に相互依存や疎外の度合も強まる。

7．複雑で大がかりな現代の交換体制は、物々交換をこえて、貨幣利用を伴う状態である。しかし、財貨を入手するという目的のための手段でしかない貨幣が、いまやそれ自体、物神化する可能性をもつにいたる。そして、のちの章で詳しく説明する予定だが、マクロ経済学の次元では、現代的な財政政策や金融政策を欠くと、世界は、「豊饒のなかの貧困」という深刻な不況に落ちこんだり、あるいは別の時期には駈け足インフレーションにみまわれたりする可能性がある。（前掲『経済学』上巻、九六頁。傍点は引用者）

ミーゼスが戦後アメリカでニューヨーク大学を中心に活動をしていた頃、経済学界の主流派をがっちりと押さえていたのは、このようなサムエルソンの新古典派総合の考え方だった。端的に言えば、ミーゼスはまったくの「異端派」あるいは「傍流」であったのだ。サムエルソンは非常にバランス感覚の優れた経済学者であり、異なる学派の思想にも十分に配慮しながら教科書を書いていたが（先の引用文にも、マルクス主義者がよく使う「疎外」や「物神化」という言葉が登場することに留意してほしい）、反対に、ミーゼスは「自由市場」一辺倒の経済学者だった。

ケインズ主義に対する見解

ミーゼスは、亡命の地アメリカでも、自分が支持できない経済思想が主流派の地位を占めているのを苦々しく思っていたに違いない。サムエルソンは、決して「反」資本主義者ではなかった。だが、自由放任主義の欠陥を政府による適切な経済管理によって除去して初めて、価格メカニズムを有効に活用することができると考えていた。それは、ケインズの『一般理論』に示唆された経済思想を受け継ぐものだったが、ミーゼスにとっては、ケインズ主義も社会主義と同様に「反資本主義的メンタリティ」の産物なのであった。彼は次のように述べている。

私たちの同時代人の大部分が間違っているところは、彼らがさまざまな財のより豊富な供給を強く切望していることではなく、彼らがこの目標の達成のために不適切な手段を選択していることにある。彼らは、まやかしのイデオロギーによって欺かれているのだ。彼らが好んでいる政策は、彼ら自身の正しく理解された、重大な利害に反している。あまりに単調で、彼らの行為に不可避的に伴う長期的帰結を見届けることができないので、彼らはその短期的な効果を味わうことに喜びを見出している。彼らが推奨する手段は、最終的には、一般的貧窮化、分業の原理のもとでの社会的協力の崩壊、そして野蛮状態への復帰をもたらすに終わると言わざるを得ない。(Ludwig von Mises, *The Anti-Capitalistic Mentality, op.cit.*, pp. 4–5)

この文章の意味は、こういうことだろう。「自由経済」のもとでは、経済問題を基本的に価格メカニズムに委ねるのが最上である。だが、価格メカニズムが十分な機能を発揮するために必要な時間は「長期」にわたるかもしれない。たとえば、一時的には、労働市場で「賃金率」の下方硬直性があるために失業が生じる可能性がある。そのとき、賃金率がもとのバロメーター機能を回復するには「長期」の時間がかかることを待ち切れず、たとえば、失業対策としてのケインズ政策に飛びつきやすい。だが、ケインズ政策によって、一時的に失業が減ったとしても、長期的には、価格メカニズムを無視したツケを支払わされるというのがミーゼスの見解であったに違いない。

価格メカニズムを無視すると、いずれ必ずそのツケが回ってくるというのは、ミーゼスだけではなく、ハイエクもフリードマンもよく使う論法だが、ミーゼスは、資本主義が経済的な豊かさを実現してきた方法については、意外に古風な表現を用いている。

人類の物質的状況を改善するために利用できる手段はただ一つである。それは、すなわち、人口の増加に対抗して資本蓄積の成長を加速させることである。一人当たりの労働者に投資された資本量が大きければ大きいほど、より多くのより質の良い財が生産され消費されうるのである。これが、資本主義、すなわちひどく悪用された利潤システムがもたらしたものであり、日々新たにもたらしているものなのである。それにもかかわらず、現代の政府や政党の大部分は、このシステムを破壊したがっている。(Ludwig von Mises, *Anti-Capitalistic Mentality, op.cit.*, p. 5)

ミーゼスの思考法は、これまで見てきたように、今日の市場原理主義につながるものを多く内包しているが、彼を鏡にすると、「市場」を捨てて「計画」をとった社会主義や、「計画」の一部を採り入れて「市場」を補完した新古典派総合との違いがはっきりして、見通しがよくなってくる。だが、ベルリンの壁の崩壊後、市場原理主義が論壇を席巻しつつあったあいだでも、学問の世界では、「資本主義」は一つではないことを解明しようとする「比較制度分析」(わが国の故青木昌彦氏が主導的な役割を果たした)が育ちつつあった。

「市場対計画」という単純化

以前でも、各国の歴史や文化や習慣などの違いにもとづいた資本主義の比較論はあったが、比較制度分析は、ゲーム理論の「ナッシュ均衡」(二人ゲームでは、相手の戦略が所与のとき、自分の利得が最大になっているような自分の戦略を「最適反応」と呼ぶが、自分の選んだ戦略と相手の選んだ戦略がお互いに最適反応になっているときの戦略の組を「ナッシュ均衡」と呼ぶ)という概念を駆使して、複数均衡が成立する可能性を論証したのである。こう言うと抽象的だが、たとえば、アメリカと日本の企業システムの比較を、文化や習慣などの比較ではなく、ゲーム理論を使って、「J―企業システム」(ある職場組織の文脈のなかで有用な技能である「文脈的技能」の形成と情報共有によって特徴づけられる)と「A―企業システム」(特定の職場を超えた価値をもつ「機能的技能」の形成と情報分散によって特徴づけられる)という二つの均衡の成立として理解するのである(青木昌彦『現代の企業――ゲームの理論からみた法と経済』岩波書店、一九八四年参照)。

比較制度分析は、その後、著しく発展し、その方法論を歴史に適用した「比較歴史分析」という分野まで登場しているが、その詳細を語るのが本書の目的ではない。私は、経済思想として比較制度分析を取り上げる場合、それが資本主義の仕組みを「価格メカニズム」一辺倒で理解していた旧来の通念に反省を促したものとして紹介することにしている。ミーゼスもフリードマンも、冷戦時代の「資本主義対社会主義」の闘争を、「市場対計画」というふうにあまりにも単純化してしまったが、資本主義一つをとってみても、それが市場以外の「制度の束」として成り立っていることを理解しなければ、共産主義国が資本主義国に移行する場合、「価格自由化」というショック療法でたちどころに解決できるという、実際に採用もされ大混乱をもたらすだけになった過ちを繰り返すことになるからだ。物事はあまり単純に考えてはいけないものだ。

それにもかかわらず、ベルリンの壁の崩壊は、二〇世紀の壮大な実験が失敗に終わったことを象徴的に示す大事件の一つであり、市場原理主義の勢いに弾《はず》みをつけたことだけは間違いない。そのわずか九年前、フリードマン夫妻の共著『選択の自由』(一九八〇年)が日本でもベストセラーになったが、明治維新後の日本と第二次大戦後のインドが、「自由市場」を選んだか「計画経済」を選んだかで命運を分けることになったという趣旨の文章は、視覚的にもわかりやすかったので、多くの人々がなんとなくそれで納得していたような「雰囲気」があった。どんな内容だったか、もう忘れている読者が多いだろうから、よく読み直してほしい。

一八六八年に日本を担当することとなった明治時代の指導者たちは、主として自国の国力と栄光とを強化することに献身していた。それらの指導者たちは個人的な自由や政治的自由には、何の特別の価値も感じていなかった。彼らは貴族制度やエリートによる政治的管理を信奉していた。それにもかかわらず、それらの指導者たちは自由な経済政策を採用し、一般大衆が参加する機会を拡大し、初期の何十年かにおいては、より大きな個人的自由を実現する方向へと導かれていくことになった。これに対してインドを担当した指導者たちは、政治的な自由や個人的な自由や民主主義を熱烈に支持していた。彼らの目的はただたんに国力の増大だけではなく、一般大衆の経済的状況の改善にあった。ところがそれらの指導者たちは、集団主義的な経済政策を採用し、いろいろな制限によって人びとを骨抜きにし、かつてはイギリス人たちによって促進されていた、インドにおける個人的な自由や政治的自由の多くを切り崩し続けていくようになった。

このような政策の相違は、ふたつの異なった時代における異なった知的風潮を忠実に反映している。十九世紀の半ばにおいては、近代経済は自由貿易と民間企業とを通じて組織されなければならないということが、当たり前とみなされていた。したがって日本の指導者たちには、それ以外の道を追求する考えは、おそらくまったく浮かばなかったことだろう。ところが二十世紀の半ばにおいては、現代経済は中央集権的な管理や五カ年計画を通じて組織されるべきだということが、当然なこととみなされていた。したがってインドの指導者たちにとって、これ以外の道を追求する考えは、たぶんけっして浮かばなかったのだろう。これらふたつの異なった考えは、どちらもイギリスから発生したのだという事実は、余談ではあるが興味深い。日本人はアダム・スミスの政策を採用した。これに対してインド人は、ハロルド・ラスキの政策を採用したのだ。（ミルトン＆ローズ・フリードマン『選択の自由』西山千明訳、日本経済新聞社、一九八〇年、四四四～四四五頁）

どのような政治的立場であれ、著名な経済学者が「ノーベル経済学賞」の権威をもってマスコミ向けに発言した内容は慎重に吟味しなければならないという好例である。

「正義」という言葉の使われ方

さて、ミーゼスは、何度も触れたように、ベルリンの壁の崩壊を見届けるまで寿命がもたなかったのだが、同じように社会主義計画経済を批判し続けたハイエクのほうは、無事、壁の崩壊と共産主義諸国の解体を見るまで長生きできたので、自分の見解の正しさを確信して「大往生」したのかもしれない。だが、ヨーロッパ統合への動きは彼の望まない方向だったに違いないので、一概に幸せな晩年だったというのも憚《はばか》られる。

ハイエクの社会主義批判は、まとまった本としては、ベストセラーとなった『隷属への道』を読むのが一番よいが、ハイエクがもっとも問題にしていたのは、社会主義者たちが「社会的正義」という言葉を多用し、それを資本主義批判に何度も用いてきたことではないかと思われる。

ハイエクは、「正義」という言葉は、本来、人間の正しい行動の一般的規則に関して用いられるべきものだと考えていた。これは、彼が尊敬してやまないデイヴィッド・ヒュームの自由主義的法および政治哲学を受け継ぐものである。

ハイエクによれば、ヒュームは、「一般的秩序の樹立を保証するのはただもっぱら同一の「正義の一般的な不変の規則」の普遍的適用だけであるということ、もし秩序が結果として生じるべきだとすれば、規制の適用を導くのは個々の目的ないし結果ではなく、普遍的一般的な適用でなければならないということを主として示すこと」に関心をもっていた。だが、「個人のであれ、共同社会のであれ、個々の目的に対する関心、あるいは各個人の真価に対する考慮は、一般的秩序を確立するという目的をことごとく損うであろう。こうした主張は、人間の近視眼、将来の利益よりも目先の利益を選好する性向、および結果を考慮せずに個々のばあいに適用される一般的不変的規則に拘束されるのでなければ、かれらの真の長期的利害の正しい評価によって導かれることはできない、という人間本性についてのヒュームの確信と緊密に結びついているのである」(「デイヴィッド・ヒュームの法哲学と政治哲学」一九六三年、前掲『市場・知識・自由』所収、一四八頁)と。

さらに、「真の個人主義者」であったヒュームは、「人間理性」の限界を正しく理解していたので、「政治組織からさほど積極的善を期待しなかった。かれは、最大の政治的善、すなわち平和、自由、および正義というものは、その本質上、消極的であり、積極的な贈り物であるよりむしろ侵害に対する保護なのだということを認識していた。何びとも平和、自由および正義ほど熱心に求めようと努めるものはない。しかしヒュームは、この世になにか他の積極的な正義を樹立したいとさらにのぞむ野心は、これらの価値にとっての脅威であることをはっきり認識していたのである」（前掲「デイヴィッド・ヒュームの法哲学と政治哲学」、一五七～一五八頁。傍点は引用者）という。

ところが、現代では、社会主義者がたとえば所得分配の不平等を指して「社会的正義」にもとるというような表現を使っている。だが、ハイエクは、「社会は、もし、それが創り出した期待を満たさないならば、われわれが不平を言い、やかましく補償を要求する、新しい神になったにすぎない」（『ハイエク全集9　法と立法と自由Ⅱ　社会正義の幻想』篠塚慎吾訳、春秋社、一九八七年、一〇〇頁）と根本的な疑問を呈するのである。

「真の個人主義者」の条件

要するに、ハイエクは、自由な社会では、「社会的正義」なるものはありえないと主張したいのである。あるのはただ、個人の正しい行動についての一般的規則という意味での「正義」のみであると。個人の行動であれば、犯罪行為や詐欺的商法など、明らかに法を犯し、正義にもとるというような表現が許されるが、「社会」の正義を問うことはできないということだ。ハイエクは、この問題にしつこいほどこだわっている。「真の個人主義者」は、「社会的正義」ばかりか、「社会にとっての価値」も拒否すべきだと言っている。その論拠は次の通りである。

正義に適うとか正義にもとるという範疇が市場によって決定される報酬に意味をもつように適用できるという概念のもう一つの源泉は、様々なサービスは決定された確認可能な「社会にとっての価値」をもっており、実際の報酬はしばしばその価値とは異なるという観念である。しかし、「社会にとっての価値」という概念は、時には経済学者によってさえ不注意に用いられるが、厳密にはそのようなものはないのであり、その表現は、「社会的正義」という用語と同種の社会の神人同形同性論や擬人化を意味することになる。諸々のサービスは特定の人々（または組織）にとってのみ価値をもつことができるのであり、どんな特定のサービスも同じ社会の異なる構成員にとっては全く違った価値をもつであろう。それらに別な見方をすることは、社会を自由な人間からなる自生的秩序としてではなく、構成員全員を諸目的の単一のハイアラーキーに貢献させる一つの組織として、処理することになる。これは、必然的に、個人の自由を欠く全体主義体系となるであろう。(前掲『ハイエク全集9　法と立法と自由Ⅱ　社会正義の幻想』、一〇八〜一〇九頁)

現代の読者は、「社会にとっての価値」という言葉を奪われれば、面食らう人のほうが多いだろう。あの映画やあの小説は、現代社会がかかえる問題(たとえば、引きこもりのような自閉症スペクトラム障害に悩む子供や、少子高齢化社会のなかでの老人の孤独死など)を扱っており、「社会的価値」があると言うことはできないのか、と。だが、「真の個人主義者」としてのハイエクは、個人の評価を他人に押しつけるような言葉遣いを決して認めない。

仲間にとってのある人の価値という代りに「社会にとっての価値」と言いたくなるけれども、実際には、例えば、何百万もの人々にマッチを供給しそれによって年間二〇万ドルを稼いでいる人は、偉大なる叡知とか優美な楽しみをわずか数千人の人に供給するだけで年間二万ドルを稼いでいる人以上に「社会」にとって価値があるとわれわれがいうとすれば、それは大きな誤りである。ベートーヴェンのソナタとかレオナルドの絵画とかシェイクスピアの戯曲といった業績さえも、「社会にとっての価値」は何もないのであり、それらを知り鑑賞する人々にとってのみ価値をもつのである。そして、ボクサーや流行歌手は、ヴァイオリンの名演奏家やバレエ・ダンサーよりも、前者が何百万人もの人々にサービスを提供し、後者がはるかに小さい集団に対してしかサービスを提供しないとすれば、社会にとってより大きな価値をもつと主張することは、ほとんど意味をもたない。真実の価値が違っているということでなく、様々な集団の人々によって異なるサービスに付与される価値は同じ標準で測れないというのが、要点である。（前掲『ハイエク全集9　法と立法と自由Ⅱ　社会正義の幻想』、一〇九頁）

進歩的思想というより「先祖返り」

ハイエクが「社会的正義」という言葉に過剰に反応するのは、もちろん、彼の「反」社会主義の立場と密接な関係がある。どのような文脈でつながるのか、簡単にまとめてみよう（前掲『ハイエク全集9　法と立法と自由Ⅱ　社会正義の幻想』、一九七～二〇三頁参照）。

ハイエクによれば、人間は一〇〇〇〇年もの長いあいだ、少人数から構成された部族社会のなかに生きていた。そのような小集団では、そのメンバーの必要（たとえば、仕事や親族や町のニーズなど）によく応える、具体的で共通の目的を設定することが容易なので、部族の長が設定する「共通の可視的意図」に従って暮らすのがもっとも平和な方法であった。ところが、「市場」という非人格的メカニズムが出現したことによって、人々の活動の範囲が広くなり、次第に「共通の可視的意図」よりは市場での「抽象的ルール」に従って行動するようになった。そして、そのような適応に成功した社会が文明を発展させ、いわゆる「大きな社会」（Great Society）になったのだという。

このような議論の進め方は、「社会的正義」を進歩派の合言葉のように用いる社会主義者たちに巧妙なわなを仕掛ける。社会主義者たちは、資本主義のもとでの貧富の差や不平等に義憤を覚え、「社会的正義」を掲げてその是正を要求したり、なかには革命運動に身を投じたりしてきたのだが、ハイエク的な見方では、「社会的正義」は大昔の部族社会の「共通の可視的意図」が生き返ったものであり、進歩的な思想というよりは、「先祖返り」なのだ。

ハイエクは、社会主義者のなかに善意にもとづき懸命に働いている人がたくさんいることを決して否定しない。だが、彼らが「社会的正義」の旗を振って自分たちの要求を通そうとする限りにおいて、市場での「抽象的ルール」に代えて、トップからの命令や指令を受動的に受け容れざるを得ない。ハイエクは、この点をヴァリエーションを加えながら何度も繰り返し主張している。

次の文章もその一つである。

しかしながら、そうした点で魅力的であることがはっきりしている社会主義（あるいは「社会的正義」の）理念が、実際には、新しい道徳を提示していなくて、前のタイプの社会から受け継いだ本能に訴えかけているにすぎないことは、理解されていて然るべきである。そうした理念は先祖返りであり、開かれた社会に部族社会の道徳を課そうとする空しい試みである。そして、こうした道徳がもし広まるならば、偉大な社会を破壊させてしまうばかりか、三〇〇余年の市場秩序があるからこそ人類が成長させてくることができた無数のものの存続に、大きな脅威を与えることであろう。

同様に、市場秩序に基礎をおく社会からうとまれたり遠ざけられたりしているような人々は、新しい道徳の使者などではなくて、開かれた社会が根拠をおいている行動ルールを学習したことのない教化されていない非文明的な人々なのであり、彼らは、部族社会から導き出された本能的で「自然的な」概念をその社会に課したいと願っている。特に新左翼派の人々が見ようとしていないと思われるものは、彼らもまた要求している全ての人々の平等な取り扱いは、個々人の行為が既知の効果を指針にするのではなく、形式的ルールだけに拘束される体系の下でのみ可能になるということである。（前掲『ハイエク全集9　法と立法と自由Ⅱ

社会正義の幻想』、二〇二頁）

ハイエクの「遺言」

もっとも、ハイエクがどれほど多くの時間と労力を「社会的正義」への批判に費やそうとも、その言葉が消えることはなかったし、いまでも、リベラル派や急進派の人たちがよく使っていると思う。彼らには、ハイエクのほうが一九世紀の「古典的自由主義」の理想像に照らして現状を批判する「守旧派」のようにみえているはずだ。一口に「計画」とは言っても、きわめて厳しい統制からマイルドな管理に至るまでいろいろなヴァリエーションがあり、「計画」と「市場」のあいだの困難ではあるが微妙なバランスをとったサムエルソンの「混合経済」のほうが経済安定に資するところ大であったという評価もあり得よう。私も基本的にはそのように評価している。それにもかかわらず、ベルリンの壁の崩壊後に利用できるようになった旧共産主義諸国の史料によれば、「個人の自由」を蔑《ないがし》ろにした社会がどれほど大きな代償を払わなければならないかが手に取るようにわかって胸が痛む。

ハイエクは、最晩年、『致命的な思いあがり』（一九八八年）と題する本を書いた。この本は、「文化的進化」についての思想の深化はみられるものの、全体として、ハイエクの代表作と言うにはやや特徴が弱いように思える。だが、二〇世紀における社会主義の実験が「致命的な思いあがり」であるという彼の持論は不変である。この本は、振り返れば、壁が崩壊する一年前の著作だが、ハイエクの「遺言」として読めばそれなりに興味深いのではないだろうか。同じことを何十年も言い続けるのも大変だが、その直後に社会主義体制が崩壊したとなれば、ハイエクと社会主義とのある種の因縁めいた関係を暗示しているかのようだ。

もしも資本家と呼ばれる人たちの道徳的な慣行に人びとが最大に負っているのはなにかと問われたら、答えは「まさにかれらの命そのもの」である。プロレタリアートの存在をかつては自活しえたグループにたいする搾取のせいにする社会主義的説明はまったくの虚構である。いまそのプロレタリアートを構成しているほとんどの個人たちは、他者がかれらに生計の手段を提供するまでは存在しえなかったはずである。これらの人たちは搾取されていると感じるかもしれないし、政治家たちは権力を得ようとしてこの感情を煽りそれにつけ込むかもしれないが、西側のプロレタリアートのほとんど、また発展途上世界の無数の人びとのほとんどは、自分たちの存在を先進諸国がもたらした機会に負っているのである。以上のことは西側諸国や発展途上世界にかぎらない。ロシアのような共産主義諸国は、その人口の生命を西側世界が保っていなければ今日にも飢えているであろう。とはいえ、共産主義諸国を含む世界の現在の人口を維持できるのは、拡張した秩序を可能にする私的所有の基礎を成功裏に維持し改善する場合だけであるということを、これらの国々の指導者たちが公認するのはほとんど不可能であろうが。

資本主義はまた、生産からの所得を得るための新しい形態、すなわち人びとを、しばしばその子孫も含めて家族的グループや部族から独立させることでかれらを解放する形態をも導入したのである。資本主義がときに、「労働組合」なる組織的な労働者グループ、すなわち、同種の仕事をもっと低賃金でしようとする人たちがそうするのを妨害して、自分たちの職種の人工的な希少性を創作するグループの独占によって、そのあたうかぎりをそれを利用したい人びとにすべて提供することができなくなっているとしても、これは事実なのである。(『ハイエク全集Ⅱ—1　致命的な思いあがり』渡辺幹雄訳、春秋社、二〇〇九年、一九四～一九五頁)

「苦悩」の始まり

シュンペーターが最後に残った。彼が、『資本主義・社会主義・民主主義』やその他の論文において、資本主義が「きわめて長いタイムスパン」でみれば衰退していくという自説を提示したことはすでに述べた。シュンペーター説を「予言」と受け取った人たちは、第二次世界大戦後も資本主義がしぶとく生き残り、好況と不況という景気の波はあっても最後には社会主義を葬り去った事実を指して、「シュンペーターは間違っていた」と結論づけるかもしれない。だが、シュンペーターが自説を「予言」と誤解されないように、多くの言葉を費やしていたことも前に説明したので、読者は覚えているだろう。

いったい、シュンペーターほど意表を突く表現や巧みなレトリックを駆使した経済学者も珍しいが、資本主義衰退論の場合は、とくに注意が必要である。シュンペーターの資本主義衰退論においては、「衰退していくだろう」と推論することは、決して「衰退してほしい」と願っていることを意味しない。彼は資本主義衰退論では何度もその点に読者の注意を喚起したが、このような「理論と実践の峻別」という学問的姿勢は、実は、初期の著作『理論経済学の本質と主要内容』（一九〇八年）から一貫していた（拙著『シュンペーター』講談社学術文庫、二〇〇六年を参照）。

だが、ここから、一筋縄ではいかないシュンペーターの「苦悩」が始まる。彼は、心のなかでは、「競争的資本主義」の時代の企業家精神を賛美したし、それを資本主義の理想像と思っていた。いや、思っていたに違いない。だが、時代の流れは、「競争的な資本主義」を過去のものにし、「トラスト化された資本主義」の時代を到来させた。そして、前の章で詳しく説明したように、彼は、後者の時代に観察された趨勢《すうせい》に大きな変化がなく、それが長く持続するならば、いずれは「社会主義的」と形容される経済体制に移行していくだろうと論じた。だが、シュンペーターは、そのような体制移行を本当は心から恨んでいたのだ。

一九三〇年代の大恐慌時にアメリカでルーズヴェルト政権が誕生し、「ニューディール」の名のもとに政府が民間の経済活動への干渉や統制を進めていったのだが、シュンペーターは、この大統領が大嫌いだった。ハーヴァード大学の同僚教授だったハーバラーは、次のように「証言」している。

シュムペーターは、ルーズベルトと彼のニューディールに対してきわめて批判的であった。一九四四年、ルーズベルトが大統領として四選目の候補に立ったとき、シュムペーターがルーズベルトに強い反感をもっていることを知らなかった一人の婦人があるカクテル・パーティで、ルーズベルトに投票するかどうかと彼に尋ねた。彼の答えはこうであった。「ヒットラーが大統領に、そしてスターリンが副大統領に立候補したならば、私はルーズベルトの対立候補に投票できていい気分になれるのですがね」。（ゴットフリート・ハーバラー「『資本主義・社会主義・民主主義』の40年」、アーノルド・ヒアチェ編『シュムペーターのヴィジョン――『資本主義・社会主義・民主主義』の現代的評価』西部邁ほか訳、ホルト・サウンダース・ジャパン、一九八三年所収、一三〇頁）

ヒトラー云々《うんぬん》はきわめて誤解を招きかねない発言だが、シュンペーターは、このような類《たぐい》の意表を突く表現を好んで用い、相手の反応をみて楽しむような傾向があった。だが、心底から、ルーズヴェルトが嫌いだったのだ。

シュンペーターの目

一九三〇年代の大恐慌から第二次世界大戦への突入まで、資本主義は激動の時代を生き延びてはきたが、シュンペーターの目には、それは、ニューディール以降に強まった政府による経済管理や経済統制の拡大によってほとんど窒息状態にあるのと同じように映った。具体的にどのような状態かと言えば、彼が第二次大戦中に書いた物から例を挙げるのが適切だろう。

理論家たちはこういう政策を抽象的に取扱うならわしがある。けれども、その本質と帰結とは、それと結びついた補足的な諸政策によって左右される。今の場合、これらの政策とは、私的蓄積を妨げ、その結果、大規模企業が金融の面で、ふたたび自立し、政府依存から独立する可能性を阻害するほど、高率かつ累進的な課税であり、賃金、労働時間、工場規律の問題を政治の領域に移す労働立法であり、即時訴追という威嚇の下で実施される、あらゆる面でのビッグ・ビジネスのビヘイビアのきびしい規制なのである。こういう状況の下では、公共的所得創出は自動的に恒久的なものになるであろう。資本主義社会の貯蓄―投資過程に内在的な諸原因からその必要性を証明するために形づくられた理論によって強調される諸要因とは全くかかわりなしに、である。

そういった体制がなお資本主義と呼ばれるであろうことは、疑いない。けれども、それは酸素室の中の資本主義――人工的な装置によって生命を保たれ、過去の成功を生んだすべての機能が麻痺している――である。それゆえに、いったいなぜそれを生かしておかねばならないのか、という問題が必ずや、遠からず提起されるに違いない。戦時課税率の軽減、等々の、実際政治の範囲内にある類いの譲歩によって、一時的に、画面の細部の点が変えられ、そういう問題の提出が延ばされるかも知れない。けれども本質的な事柄の変更は期待し得ないのである。(J・A・シュムペーター「戦後の世界における資本主義」一九四三年、『今日における社会主義の可能性』大野忠男訳、創文社、一九七三年所収、五八～五九頁)

ここまでくれば、シュンペーターは、各種産業の国有化などを通じて、「産業上の選ばれた拠点の政府所有ならびに管理、労働および資本市場の政府による完全な統制、内外企業における政府のイニシアティヴ」によって特徴づけられた「国家資本主義」が現れるのは時間の問題だと考えているのがよくわかる（前掲「戦後の世界における資本主義」、六二一頁）。シュンペーターは、予想される次のような質問――「それはもはや資本主義ではなく社会主義なのではないか？」――を想定して、あらかじめ次のように答えている。

経済的エンジンを運転する所与の方法が社会主義と呼ばれるかどうかは、常に趣味の問題と言えるだろう。一方では、最初の市営ガス事業や初めて累進所得税が現われたとき、不満なブルジョアは社会主義だと言い立てた。他方では、「それに与って」いない社会主義者の集団は、マルクス主義の教義によって聖別されないようなものが真正の社会主義でありうるなどとは、決して認めないであろう。さらに、人々は事物よりもはるかに言葉の力を気にかけるものだから、社会主義という用語を受け入れるか避けるかは、たぶん戦術上の配慮によって決定されるだろう。米国では、激烈な断絶が期待されない限り、こうした配慮は、それに対して有利によりもむしろ不利にはたらくように思われる。（前掲「戦後の世界における資本主義」、六二一～六二三頁）

「国家資本主義」を「社会主義」と呼ぶのが「趣味の問題である」かどうかは別として、たとえば、サッチャリズム登場以前のイギリスが「国家資本主義」にかなり近いところまで到達していたことは、おそらく間違いないだろう。だが、ここがシュンペーターらしいのだが、そこからすぐに「資本主義の死」を宣言することはしなかったのである。彼がハンセンの長期停滞論に対して異議を唱えたことは第三章でもみてきたが、現実には、まだまだ不確定な要因がたくさんあり、資本主義諸国、とくにアメリカが近い将来に社会主義になるなどとは決して言わなかった。ハーヴァードで間近に彼をみていたハーバラーも、次のように指摘している。「シュムペーターは、資本主義的方法の適用にもとづく多くの「経済の奇跡」――とくに西ドイツ、日本、フランス、そしてイタリアの経済の奇跡――を目のあたりにするまで生きていなかった。それを見たとしたら、シュムペーターはどういう態度をとっただろうか。資本主義的方法が非常に多くの場合に適用されたことに大いに驚き、愉快に思ったであろうが、この政策の目ざましい成功は、彼をいささかも驚かさなかったであろう。なぜなら、「資本主義的方法」が戦後の再建、復興の問題を「迅速に」解決するであろうことを、彼はしばしば論じていたからである」（前掲「『資本主義・社会主義・民主主義』の40年」、一三六〜一三七頁）と。

「資本主義の将来」

この問題を考えるときにいつも思い出すのは、おそらく一九四六年か四七年、ハーヴァードでおこなわれた「資本主義の将来」をめぐるシュンペーターとポール・M・スウィージー（一九一〇〜二〇〇四）との論争である（司会をつとめたのは、産業連関分析で有名なワシリー・W・レオンチェフ。スウィージーはきわめて有能な学者だったが、マルクス主義に傾斜し過ぎたためにのちにハーヴァードを追われ、左翼系の雑誌『マンスリー・レビュー』を創刊した）。サムエルソンもその場にいて、のちに、その「夜」（と表現しているので、夕方以降におこなわれたのだろう）のことを思い出している。彼は、以前、『ニューズウィーク』誌（一九六九年六月）に書いたエッセイを再録しているのだが、そこで、司会者のレオンチェフが、シュンペーター説を、資本主義が「ノイローゼ」によって衰退していくと巧みな比喩を用いてまとめたことを指摘している。間違いがないように、サムエルソンが記憶していたレオンチェフのまとめ方を引用しておく。

資本主義は病人となっている。その運命はどうなるのであろうか。二人の討論者は、この病人が死に向かいつつあるのは当然と見る点で意見の一致をみている。しかし両者の診断の根拠はいささか異なる。

スウィージーは、マルクスとレーニンの分析を利用して、この病人は悪性のガンにかかって死んでゆくと論じる。いかなる手術も役に立たず、終局はすでに定まっている。

一方のシュムペーターは、病人が死んでゆくことを、むしろ陽気な感じで認めている（彼の恋人〔古い資本主義〕は、すでに一九一四年に死んでおり、涙はずっと前に涸れ果てている）。だがシュムペーターにとっては、病人は精神身体症によって死に至る。ガンではなく、ノイローゼがこの病気なのである。病人は自己嫌悪のかたまりとなり、生きていく意思を失う。

この見方では、資本主義は好ましからざる制度とされている。そして、好ましくないことは好まれないであろう。ポール・スウィージー自身は、この制度の運命を決定づけるであろう例の疎外を信じている。（ポール・A・サムエルソン「シュムペーターの資本主義、社会主義および民主主義」、前掲『シュムペーターのヴィジョン』所収、二一八～二一九頁）

現代の読者には、「ノイローゼ」というよりは「鬱《うつ》状態」といったほうがわかりやすいかもしれない。そうだ、シュンペーターの資本主義衰退論は、資本主義が「鬱」に陥っておのれ自身を信じることができない状態を描いたものと理解したほうがよいのではないか。シュンペーターの資本主義衰退論を読みながら、どこかもどかしさを感じるのは、彼が資本主義がまもなく滅んで社会主義になるとも、資本主義がいま一度復活するとも、どこにも明言しておらず、きわめて長いタイムスパンでみたときの「社会主義への前進」にしても、多くの留保や限定条件がつけられているからだ（シュンペーターの資本主義衰退論を、彼が一九二〇年代に二番目の夫人や母親を亡くしてから断続的な鬱状態に陥ったことと関連づける見解があるが、それは皮相な見解に過ぎない。前掲拙著『シュンペーター』参照）。「資本主義か社会主義か」を手っ取り早く知りたい読者にとっては、「一世紀といえども「短期」である」というような彼一流の「限定づけ」は、問題を煙に巻くようにしか思えなかったに違いない。だが、理路整然とした発展理論を提示した初期の傑作『経済発展の理論』と違って、晩年の資本主義衰退論は、多分にこのような曖昧さを残していると肝《きも》に銘じたほうがよい。断片的な章句だけを引いて、彼の結論とは思わないほうが賢明である。むしろ次のような表現のほうが多いくらいなのだ。

政府統制の引続く拡大や、課税による上層階級の収奪以外の方法によるいかなる社会主義への接近も、農場主の利害団体や中小企業の側からの抵抗に出会うであろうことは、疑いない。かれらはいずれも、ビッグ・ビジネス——たとえば五〇〇〇万ドルないしそれ以上に達する資産を所有する法人——の国有化を阻止するために、生死を賭してまで戦うようなことはしないであろう。けれどもかれらは、たぶんそれ以上にはるかに急進的なやり方、とりわけ、かれらが「革命」と認めるような事物に対しては戦うであろう。決して不可能ではないが、成功は期待され得ない革命を除くと、予測しうる将来にとって、両棲的状態が最もありうべき状態であることはたしかである。純粋に経済的な見地からすれば、これは悲しむべきことかも知れない。そういった状態は、資本主義体制に復帰するか、それとも断固として社会主義体制に踏みきるならば免れうるような、多くの摩擦と非能率に苦しむであろう。それはまた、いずれの体制のもつ起動力をも完全にわがものにすることはないであろう。他方において、両棲状態は他の状態では消滅するであろう、多くの人間的価値を保存する。かくして、ある状態に恐れをいだく理由がないように、他の状態に希望をつなぐ理由もまずないと言っていいのである。（前掲「戦後の世界における資本主義」、六三〜六四頁）

シュンペーターは、将来、偉大なる思想家マルクスに近い評価を受けることを願っていたのだろう。自分の考えが、理由づけは異なるにせよ、資本主義が崩壊していくという結論部分において、マルクスのそれと同じであることをどこかで喜んでいたようなふしがある。

都留重人は、アメリカでは個人の意思を離れて何か社会の客観的論理が働くというような思想（たとえば、マルクス主義）はなかなか理解されない傾向があると語ったものだ。ヨーロッパで教育を受けたシュンペーターは、その意味では、マルクス主義の何たるかを熟知していた。それゆえ、みずからの資本主義衰退論を提示するにあたって、そのようなマルクス的思考法の一部が論理展開に影響したのではないか。そして、多くの読者は、シュンペーターの筆の運び方の背後にそのような事情があることを理解できなかった。

もちろん、『資本主義・社会主義・民主主義』を精読した人ならば、シュンペーターの真意をつかみそこなうことはなかっただろう。だが、「資本主義か社会主義か」というような通俗的なテーマになると、人々は「資本主義はその成功ゆえに失敗していく」という単純な結論のみに飛びつきやすい。こうして、自説を十分に補完する暇もないまま、今日に至るまで誤解が続いてきたのである。

アメリカで彼が弟子たちにさえ十分に理解されなかった理由は、このあたりにあるように私には思われる。

終章

落日の帝国が生んだ経済学者たち

シュンペーターが求めたもの

落日のハプスブルク帝国が生んだ三人の経済学者のうち、幼い頃から天賦の才能に恵まれ、ウィーン大学を卒業後まもなく、一作目『理論経済学の本質と主要内容』(一九〇八年)によっていち早く学界デビューを飾ったのは、シュンペーターであった。わが国はシュンペーターのファンが世界のなかでももっとも多い国の一つなので、「天才シュンペーター」の名前は経済学を学んだ者ならほとんど例外なく知っているに違いない。いまでは、シュンペーターと聞くと反射的に「イノベーション」という言葉が浮かぶほど、彼の教えは陳腐《ちんぷ》なものになった感がある。だが、経済思想は、それほど単純ではない。

「資本主義の本質は何か」――シュンペーターは、この問いへの答えを求めて、学生時代からあらゆる分野における主要文献を渉猟《しょうりょう》していったが、彼が最初に熱心に研究したのは、ワルラスの一般均衡理論だった。オーストリア学派の本拠地であるウィーン大学に学びながら、ローザンヌ学派の創設者の「純粋経済学」（完全競争を仮定したときの価格決定理論で、一般均衡理論の別名だと思えばよい）に夢中になった。純粋経済学は、より深く追究していけば、もっと高度な数学を駆使した理論に発展していくのだが、高等数学が得手ではなかったシュンペーターは、その道は採らず、それが「静学」理論に過ぎないという限界を超えようとした。

もちろん、静学の適用範囲を広げて、「定常状態」または「静態」と呼ばれるような経済過程にまで射程に入れることは決して不可能ではなかった。だが、シュンペーターは、ワルラス理論の適用範囲はそこまでだと考えた。静態を経済体系内から打ち破り、「動態」を始動させる「何か」はないのか。そのとき、彼にヒントを与えたのは、マルクスの「動態的」ヴィジョンであった。各々の資本家は、ライバルを打ち負かすために、不断により優れた技術を導入し、みずからの優位を不動のものとしようとするが、その世界は、経済体系にとっての与件を一定に置いたときの一般均衡理論のような静学理論や、ケネーの『経済表』のように経済数量が年々歳々同じ規模で再生産される静態とはまったく違う、「動態」へとシュンペーターをいざなうものだった。

だが、マルクス主義の文献を大量に渉猟したものの、シュンペーターは決してマルクス主義者にはならなかった。ワルラスの一般均衡理論を受容したシュンペーターは、マルクスの労働価値説を拒否したし、絶対的窮乏化論などは資本主義の歴史を知らないナンセンスと思ったかもしれない。それにもかかわらず、シュンペーターは、マルクスには、彼の経済理論上の欠陥を補ってあまりあるだけの優れた動態的ヴィジョンがあるという見解だけは一生を通じて一貫して保持した。

問題は、ワルラスの一般均衡理論から出発して、どのように動態的ヴィジョンを活かした理論モデルを構築するかだった。シュンペーターは、ワルラス理論のなかに「企業家」が登場することは知っていた。だが、一般均衡状態では、その企業家は利益も得なければ損失もこうむらない単なる「業主」あるいは「経営管理者」に過ぎなかった。「適応型」の企業家しかいなかったと言ってもよい。その企業家にもっと創造的な役割を演じさせることはできないか。フランスの文献に通じていたシュンペーターは、かの国では、資本家と企業家の区別が曖昧だったイギリスの経済学と違って、カンティヨンやセイなど企業家独自の役割を強調する伝統があったことを知っていた（拙著『企業家精神とは何か』平凡社新書、二〇一六年を参照）。もし企業家を「創造型」として描こうとすれば、彼を明確に資本家から区別するような工夫が必要である。

そこで、「静態」を描写する際に、ワルラス理論にオーストリア学派の帰属理論をブレンドさせ、その世界には、本源的生産要素（労働と土地）の所有者（すなわち、労働者と地主）しか存在しないという工夫をこらした。そうすれば、静態が破壊されるのは、経済の分野で新しい可能性に気づいた企業家が「何か特別なこと」を導入しようとするときだということが明確になる。「何か特別なこと」こそ、「新結合」であり、のちに「イノベーション」と言い換えられて人口に膾炙《かいしゃ》するようになったものである。だが、静態には貯蓄も資本蓄積もないので、イノベーションを遂行しようとする企業家を資金面で援助する主体がいない。ここで、シュンペーターは、銀行の信用創造機能に着目し、「銀行家」こそが唯一の資本家となり、企業家のイノベーションを支援するという構図を考案した。企業家と銀行家が動態においてのみ現れるという考え方は、シュンペーターの『経済発展の理論』を特徴づけるユニークな視点である。

資本主義の本質

さて、『経済発展の理論』の解説は本文を参照してほしいが、ここでは、シュンペーターが資本主義の本質を企業家によるイノベーションの遂行のなかに見ていたことを再確認しておきたい。ただし、シュンペーターの理論は、静態と動態による二元論的な構造をもっているので、動態のみでは理論の体をなさない。静態には静態の役割があるのだが、何が資本主義を資本主義たらしめる「本質」かと問われれば、シュンペーターは、それは企業家のイノベーション以外にはないと答えたはずだ。シュンペーターは、一作目を世に出してまもなく、このような本質を直観的につかんでいた。

経済発展の本質は、以前には定められた静態的用途に充《あ》てられていた生産手段が、この経路から引き抜かれ、新しい目的に役立つように転用されることにある。この過程を、われわれは新結合の遂行と呼ぶ。そして、これらの新結合は、静態における慣行の結合のように、いわば自ずからそれ自身を貫徹するものではない。それらは、少数の経済主体のみに備わっている知力と精力を必要とする。このような新結合を遂行することにこそ、企業家の真の機能がある。(J.A. Schumpeter, "Über das Wesen der Wirtschaftskrisen", *Zeitschrift für Volkswirtschaft, Sozialpolitik und Verwaltung*, 1910, S. 284)

のちのシュンペーターの仕事は、この企業家のイノベーションを軸にして展開していく。『経済発展の理論』は、言うまでもなく、企業家によるイノベーションの遂行が静態を破壊し、「好況」「不況」を経て新たな静態に戻るまでの首尾一貫したモデルを提示したものである。晩年の『資本主義・社会主義・民主主義』は、資本主義がもたらした「成功」が逆に企業家機能の発揮にとって不都合な要因を創り出し、きわめて長いタイムスパンでみれば、その「衰退」をもたらしていくことを論じた著作であった。「成功」が「衰退」をもたらすとは、シュンペーター一流のレトリックである。多くの研究者は、この本を、シュンペーター畢生の名著というよりは、比較的リラックスして書いた「気晴らし」のような仕事とみなしたが、私も、そこまで言わないまでも、シュンペーター第一の傑作は『経済発展の理論』だという評価なら同じ見解をもっている。

だが、経済理論から離れて、その本を「経済社会学」の優れた成果だとみなす見解(たとえば、塩野谷祐一『シュンペーター的思考』東洋経済新報社、一九九五年)や、シュンペーターの民主主義論が政治学や政治過程の経済分析に大きな影響を与えたことを高く評価する見解もある。多才なシュンペーターの「サイドワーク」が経済理論という狭い枠を超えて高く評価されるのは喜ばしい。私も『資本主義・社会主義・民主主義』を何度読んだかわからない。それにもかかわらず、私は、シュンペーターが第一に「経済学者」であり、決して「経済社会学者」ではないという見解だけは修正する必要はないと思っている。

ミーゼス独自の「人間行為学」

シュンペーターより二歳年長であったミーゼスは、同じウィーン大学を卒業し、シュンペーターの名著とそれほど変わらない時期に『貨幣および流通手段の理論』(一九一二年)を出版しているにもかかわらず、例外を除いて、日本や世界の経済学界における評価が定まるのはシュンペーターよりも遅れたように思われる。ロシア革命によってソ連が誕生してから、有名な社会主義計算論争の口火を切った論文「社会主義社会における経済計算」（一九二〇年）が一躍脚光を浴びたが、その頃までにチェルノヴィッツ大学やグラーツ大学での教授職や、第一次世界大戦後のオーストリア共和国で大蔵大臣を短期間ながらつとめていたシュンペーターと比較すると、「出世」の面では明らかに後塵《こうじん》を拝していた。

もっとも、戦前・戦中の日本の学界では、景気理論家としてミーゼスの名前が通っていたと反論する向きはあるだろうし、その後に加わったハイエクの景気理論とあわせて、オーストリア学派の流れを汲む経済学の影響は決して小さくないと言えなくもない。だが、シュンペーターの名声が主著『経済発展の理論』と結びついていたのと比較すると、ミーゼスの大作にして主著の『ヒューマン・アクション』がアメリカで出版されたのは一九四九年だから、過大評価は禁物である。

ミーゼスは、本書で取り上げた三人のなかでは、資本主義がもたらした「光」の面を一貫して強調してきた論客であった。わが国では、戦後長いあいだマルクス経済学の影響が強かったので、ミーゼスはハイエクとともに「保守反動」の烙印を押されてきた。それゆえ、ミーゼスの大著を真面目に研究しようとする世代が育つのが遅れたことは否めない。もちろん、少数の例外はあるだろう。だが、日本における「ミーゼス復興」は、どちらかと言えば、弟子筋のハイエクの復活のあとに生じたというほうが当たっているのではないか。ハイエクは、なんと言っても、一九七四年のノーベル経済学賞の受賞者であり、「ノーベル賞」の権威には太刀打ちできなかっただろう。

私は三人のなかではシュンペーターの思想と理論をもっとも頻繁に取り上げてきたので、ミーゼスには無関心のように思われていたかもしれないが、事実は逆で、立場の差を超えて、ある程度ミーゼスの著作にも親しんできたつもりである。ミーゼスへの関心は、やはり『ヒューマン・アクション』のなかで、彼がオーストリア学派の方法論的個人主義にならって「人間行為は目的的行動である」として捉えた上で、独自の「人間行為学」を提示していたのがわかりやすかったからである。もっとも、先験主義を受け容れるのは難しかったが、「行為とは選択することであり、不確実な未来に対処することだ」という彼の言葉は、『ヒューマン・アクション』の隠された魅力を伝えるに十分であった。

ミーゼスは、人間が自由に行為を選択し、不確実な未来に向かって働きかけるのを許されるのは、資本主義のもとのみであるという堅い信念をもっていた。人間行為学こそが資本主義の核心を突くものであり、社会主義や共産主義のもとではその学問は死滅するとさえ考えていたはずだ。このような見解への反論は自由だが、初期から温めてきた思想を死ぬまで堅持しえた点では、企業家機能の無用化から大好きな資本主義という体制が社会主義に移行せざるを得ないと論じなければならなかったシュンペーターよりも、はるかに幸福な学者人生だったのではないだろうか。

ハイエク思想の核心

ハイエクは、資本主義を擁護し、社会主義を「致命的な思いあがり」として批判し続けた点ではミーゼスと類似の思想の持主だったが、自由主義の社会哲学全般に詳しかった彼は、体制比較をする際に、「権力の制限」や「知識の分散」が保障されているという点をもっとも重視していたように思われる。ハイエクは、権力が制限されていない社会では、民主主義のもとでも多数派の暴政に歯止めがかからず、「自由」そのものが否定されていくという危険性をかぎとった。ベストセラーとなった『隷属への道』は、そのテーマを一般の読者にもわかりやすく解説した著作だが、意外にも、彼はその本が「政治的パンフレット」と受け取られるかもしれないという恐れを抱いていたという。たしかに、そのように読んだ人も多いかもしれないが、この本には、すでに民主主義のもとでの多数派の暴政や市場を「自生的秩序」として捉える思想またはその萌芽がすでに現れており、過小評価は控えるべきだろう。

ハイエクは、心理学やその他の分野でも物を書いた博学な人だったが、経済思想史家の立場でみるならば、『法と立法と自由』（全三巻）がハイエク社会哲学の頂点だとみなしてよいと思う。あるいは、『自由の条件』（一九六〇年）をとってもよいが、社会主義者が頻繁に使う「社会的正義」が「幻想」に過ぎないことを論証しようとした部分を含む前者のほうがより包括的であり、ハイエクの代表作と言うにふさわしい。

わが国における「ハイエク・ブーム」は、彼のノーベル経済学賞受賞よりも少し遅れて一九八〇年代後半に訪れた。春秋社から『ハイエク全集』の刊行が始まったのも、私が勤務している京都大学で若い研究者が博士論文のテーマにハイエク研究を選び出したのもこの時期と重なっている。その頃と比べると、ハイエク研究も、隣接領域での研究者との協同も進んでずいぶんと進化したが、長いあいだの進化のプロセスを経て成立した自生的秩序としての市場経済を、社会主義であれケインズ主義であれ、意図的あるいは恣意的に計画するのは「知的驕慢」であり、そのような考え方は自由とは両立しないというハイエク思想の核心は、いまでは、広く普及しているように思われる。

三人の教えは活かされたか

ところで、ウィーン大学は、本書で取り上げた三人がみな卒業したハプスブルク帝国あるいはオーストリアの名門大学だが、不思議なことに、経済学の歴史に名前を刻んでいる三人の誰も教授に迎えることがなかった。その真相はよくわからないが、たとえ運よくウィーン大学教授になっていたとしても、一九三〇年代にはナチズムの脅威がウィーンに迫り、結局はオーストリアを飲み込んでしまうのだから、学問に専念するには不都合な環境になっていた可能性が高い。ユダヤ人であったミーゼスには、とくにこの点があてはまる。シュンペーターのナチズムへの態度が曖昧であったことはよく知られているが、三〇年代にはアメリカのハーヴァード大学に移ったので、複雑な問題に巻き込まれずに済んだ。ハイエクも、ナチズムの脅威にさらされる前に、イギリスのLSEで教授職に就き、第二次世界大戦後はシカゴ大学、そして晩年にはヨーロッパに戻るような経歴を歩んだので、ベルリンの壁の崩壊を目撃するまで長生きできた。

だが、壁の崩壊後、人々はどこまでこの三人の教えを活かしたと言えるのだろうか。たしかに、三人とも、戦後主流となるサムエルソンの「混合経済」の考え方に反対していたが、その主張には若干の温度差がある。ミーゼスや彼の支持者は、壁の崩壊の報に快哉《かいさい》を叫び、あるいは、市場原理主義の台頭にも満足したかもしれない。だが、シュンペーターは、資本主義にまだそんなヴァイタリティが残っていたことに驚きながらも、市場原理主義だけで経済問題が解決されるという考え方には留保条件を付しただろう。晩年の著作にとくに表れているように、資本主義という経済体制は「経済的要因」と「非経済的要因」の相互作用によって進化していくものなので、前者だけを取り上げて問題解決とみなすのは、純粋経済学の世界ならまだしも、現実の世界では危険だからだ。ハイエクも、社会主義の敗北は喜んだかもしれないが、真のハイエク主義者なら、長い年月をかけて形成された資本主義における習慣や伝統（これらも自生的秩序の一部である）のない旧社会主義諸国にいきなり「価格自由化」というショック・セラピーを施すような急進的な見解には反対を表明すべきではなかったか。案の定、ロシアではショック・セラピーは多くの混乱を招き、期待したほどの成果を上げることはできなかったのだから。

「循環」する経済思想

経済思想は、「進化」するというよりは「循環」しているのかもしれないという考えが脳裏に浮かんでいる。冷戦時代の「資本主義対社会主義」の闘争に勝利をおさめたのは、実は、「資本主義」ではなく、修正された資本主義としての「混合経済」であった。

混合経済論は、本書で取り上げた三人には不評だったとしても、現実の世界では、それ以外に問題に対処する方法はないのではないだろうか。「効率」と「公平」のバランスをとることなど土台無理であるというニヒリスティックな反論もありうるが、市場原理主義の行き過ぎで経済格差や環境破壊などの問題が生じたとき、誰が責任をもって問題解決へと動くべきかと言えば、それは政府以外にないのだ。市場原理主義の先にはほとんど無政府主義者に近いような「リバタリアン」(自由至上主義者)もいるにはいるが、それは観念論的にはおもしろくとも、現実的な解決方法とは言えないだろう。

第一次世界大戦以前の「古き良き時代の資本主義」は、もう戻らない。三人のなかでは、シュンペーターがこの点にもっとも敏感であった。彼は、ほかの二人と同じくらい、「古き良き時代の資本主義」に対する郷愁の念は強かったはずだが、「涙を凋らした」あとは、「トラスト化された資本主義」ではどのような変化が生じるかを「経済学者」として冷静に分析した。他方、ミーゼスとハイエクは、「反」社会主義の立場が強すぎて、現実の変化を若干見過ごした嫌いがある。決して彼らの責任ではないが、ベルリンの壁の崩壊後、彼らの支持者の一部が極端な市場原理主義者になったのはそのためではないだろうか。

読書案内

ミーゼス、ハイエク、そしてシュンペーターをより深く学ぶ前提として、現代のスタンダードな経済理論（ミクロやマクロ）を修得していることが望ましいことは言うまでもない。最近、経済学史の研究を志す学生のなかには、半端な経済理論しか身につけていない者が増えた。残念なことである。不安がある読者は、書店に出向いて、自分にあう教科書を探すことをすすめる。できれば、マンキュー、クルーグマン、スティグリッツの定評のある教科書よりも、もう少しレベルアップした中級の経済理論までしっかりと学んでほしい。このような勉強は、将来、経済学のどのような分野に進もうとも必須である。

その上で、本書は現代経済学史の主要人物三人を取り扱っているので、古典派から現代に至る経済学の歴史が頭に入っていることが重要である。

●入門レベル

ロバート・L・ハイルブローナー『入門経済思想史　世俗の思想家たち』八木甫ほか訳（ちくま学芸文庫、二〇〇一年）

八木紀一郎『経済思想』第二版（日経文庫、二〇一一年）

根井雅弘『入門　経済学の歴史』（ちくま新書、二〇一〇年）

●標準的なレベル

フィリス・ディーン『経済思想の発展』奥野正寛訳（岩波書店、一九八二年）

根岸隆『経済学の歴史』第二版（東洋経済新報社、一九九七年）

根井雅弘『経済学の歴史』（講談社学術文庫、二〇〇五年）

●古典的名著

J・A・シュンペーター『経済分析の歴史』上・中・下、東畑精一・福岡正夫訳（岩波書店、二

〇〇五～二〇〇六年）

J・A・シュムペーター『経済学史——学説ならびに方法の諸段階』中山伊知郎・東畑精一訳（岩波文庫、一九八〇年）

現代経済学史に限定した教科書はまだ少ないが、数冊を推薦しておく。

松嶋敦茂『現代経済学史1870～1970——競合的パラダイムの展開』（名古屋大学出版会、一九九六年）

橋本努編『現代の経済思想』（勁草書房、二〇一四年）

根井雅弘編著『現代経済思想——サムエルソンからクルーグマンまで』（ミネルヴァ書房、二〇一一年）

本書に取り上げた三人のうち、おそらく、日本ではミーゼスの研究者が一番少ないだろう。これは何もミーゼスが無名であったということを意味しない。初期の景気理論や社会主義計算論争などで活躍したミーゼスの名前は研究者レベルでは周知のものだったが、一般の読者がどれほどミーゼスの思想や経済学に馴染んでいたかは疑わしい。

私は、学部生の頃（一九八一～八五年）、次に挙げるミーゼスの小さな本を古本屋で見つけたので読んでみたが、これは、多少資本主義擁護のイデオロギーが強いとはいえ、ミーゼスについて何も知らない人には入門書としてすすめられるのではないかといまでも思っている。

ルートヴィヒ・フォン・ミーゼス『自由への決断』村田稔雄訳（広文社、一九八〇年）

一九八〇年というと、ベストセラーとなったフリードマン夫妻の『選択の自由』西山千明訳（日本経済新聞社、一九八〇年）が出た時期と重なっているので、オーストリア学派とシカゴ学派のあいだの類似点と相違点もよくわかっていない読者は、資本主義擁護という点で類似の経済哲学を説いたフリードマンで満足した可能性は多分にある。それゆえ、ミーゼスの生涯にわたる仕事を包括的に扱った入門書が待ち望まれたのだが、最近、ようやく推薦するに値する本が出た。

イスラエル・M・カーズナー『ルートヴィヒ・フォン・ミーゼス――生涯とその思想』尾近裕幸訳（春秋社、二〇一三年）

カーズナーは、ニューヨーク大学時代のミーゼスが可愛がった教え子である。そのことは、ミーゼス夫人の回想録のなかにも出てくる。夫人の回想録は、ミーゼスの公的生活ばかりではなく、私的生活の出来事を知るにも重要な史料である。

マルギット・フォン・ミーゼス『ミーゼスの栄光・孤独・愛』村田稔雄訳（日本経済評論社、二〇〇一年）

だが、ミーゼスのライフワークは、本文で述べたように、『ヒューマン・アクション』であり、この分野の研究を志す者は必ず手に取らなければならない。

ルートヴィヒ・フォン・ミーゼス『ヒューマン・アクション』村田稔雄訳（春秋社、一九九一年）

ミーゼスだけを扱った研究書は少ないのだが、それでも、ベルリンの壁の崩壊後、ミーゼスを真正面に論じた本が出るようになった。

橋本努『自由の論法——ポパー・ミーゼス・ハイエク』（創文社、一九九四年）

西部忠『市場像の系譜学——「経済計算論争」をめぐるヴィジョン』（東洋経済新報社、一九九六年）

もっとも、壁の崩壊前から、ミーゼス以後のネオ・オーストリア学派の思想と理論の紹介に力を入れていた少数の例外は存在する。次の本が出たのは私が大学院生の頃だが、マルクス経済学専攻の者が「すべての物に財産権が確定していれば、外部不経済の問題は消滅する」というネオ・オーストリアンの考え方に仰天していたのを思い出す。

越後和典『競争と独占——産業組織論批判』（ミネルヴァ書房、一九八五年）

越後氏は、その後も、使命感をもって、ネオ・オーストリア学派の研究と啓蒙活動に従事しているが、その成果が次の二冊の本である。

越後和典『新オーストリア学派の思想と理論』（ミネルヴァ書房、二〇〇三年）

同『新オーストリア学派とその論敵』（慧文社、二〇一一年）

インターネットの時代になり、ミーゼス関連の文献は、次のミーゼス研究所のウェブサイトにたくさん載っているので、非常に便利になった。ミーゼス自身の著作も含めて、オーストリア学派やネオ・オーストリア学派に関係のある文献がＰＤＦファイルで読めるようになっている。

https://mises.org/library

ミーゼス研究を志すならば、このサイトに紹介された英語論文を手がかりに幅広くオーストリア学派やネオ・オーストリア学派の文献を渉猟するのをすすめる。残念だが、日本語の文献だけで西欧の経済思想史の研究ができると思わないほうがよい。翻訳があったとしても、気になる点や疑問に思う箇所は原書を参照し、自分の頭で考える訓練をしてほしい。

ハイエクはミーゼスの弟子筋だが、本文で述べたように、一九七四年のノーベル経済学賞を受賞しているので、ミーゼスよりもはるかに世間的に有名になった。だが、一九八〇年代後半までは、『隷属への道』を除けば、一般の読者に広く読まれていたわけではなかった。西山千明氏が編集した次の本も、ハイエクの多方面にわたる思想を紹介しているのだが、どれほど多くの読者を獲得したか、私にはわからない。

F・A・ハイエク『新自由主義とは何か』西山千明編（東京新聞出版局、一九七六年）

だが、私が大学院生時代にハイエクのいくつかの著作に収録された論文から興味深いものを選択し、編訳された次の本は、いまだにハイエク入門書としてもすすめられる好著である。

F・A・ハイエク『市場・知識・自由』田中真晴・田中秀夫編訳（ミネルヴァ書房、一九八六年）

その他、ハイエク入門としてすすめられる本を数冊挙げておく。

F・A・ハイエク『隷属への道』ハイエク全集I―別巻、西山千明訳、新版（春秋社、二〇〇八年）

楠茂樹・楠美佐子『ハイエク――「保守」との訣別』（中公選書、二〇一三年）

ノーマン・P・バリー『ハイエクの社会・経済哲学』矢島鈞次訳（春秋社、一九八四年）

ハイエクの評伝や回想録を読むのも、彼の思想に近づくための第一歩だろう。

ラニー・エーベンシュタイン『フリードリヒ・ハイエク』田総恵子訳（春秋社、二〇一二年）

スティーヴン・クレスゲ、ライフ・ウェナー編『ハイエク、ハイエクを語る』嶋津格訳（名古屋大学出版会、二〇〇〇年）

私が勤務する京都大学で若手がハイエク研究に進出し始めたのは、ベルリンの壁の崩壊後、一九九〇年代に入ってからだった。その第一号が、八木紀一郎氏とともに私が指導教授をつとめていた江頭進氏の研究である。

江頭進『F・A・ハイエクの研究』（日本経済評論社、一九九九年）

江頭氏の研究以降、もっと若い世代のハイエク論がたくさん出たが、政治思想の研究を含めて数冊を推薦する。

山中優『ハイエクの政治思想——市場秩序にひそむ人間の苦境』（勁草書房、二〇〇七年）

渡辺幹雄『ハイエクと現代リベラリズム——「アンチ合理主義リベラリズム」の諸相』（春秋社、

二〇〇六年）

吉野裕介『ハイエクの経済思想』（勁草書房、二〇一四年）

出版年は少し古くなったが、法哲学の分野での次の研究も捨てがたい。

嶋津格『自生的秩序——F・A・ハイエクの法理論とその基礎』（木鐸社、一九八五年）

一九八〇年代後半から「ハイエク・ブーム」が起こり、『ハイエク全集』が春秋社から刊行され始めてから、一般の読者も以前よりはハイエクの多方面にわたる著作に近づけるようになったが、当時から現在に至るまで、ハイエクを二〇世紀最大の経済学者と目されたケインズと対比して論じる研究が絶えない。それだけ二人が二〇世紀経済思想におよぼした影響が大きかった証左でもあるが、数ある著作のなかから数冊を苦心して選んでみる。

松原隆一郎『ケインズとハイエク——貨幣と市場への問い』（講談社現代新書、二〇一一年）

ニコラス・ワプショット『ケインズかハイエクか——資本主義を動かした世紀の対決』久保恵美子訳（新潮文庫、二〇一六年）

間宮陽介『ケインズとハイエク――〈自由〉の変容』（ちくま学芸文庫、二〇〇六年）

私自身は、ハイエクを「経済学者」としてケインズと同列に並べるのは前者の過大評価だと思っているが、より広い社会哲学の思想家としてみれば、両者を比較する試みも工夫次第で興味深くなるに違いない。間宮陽介氏の本は、その成功例の一つであった。

だが、ハイエク研究を志すなら、早い段階で彼が書いた体系書を読んでみることをすすめる。

F・A・ハイエク『自由の条件Ⅰ・Ⅱ・Ⅲ』ハイエク全集Ⅰ―5、Ⅰ―6、新版、矢島鈞次ほか訳（春秋社、二〇〇七年）

F・A・ハイエク『法と立法と自由Ⅰ・Ⅱ・Ⅲ』ハイエク全集Ⅰ―8、Ⅰ―9、Ⅰ―10、新版、西山千明ほか訳（春秋社、二〇〇七～二〇〇八年）

ミーゼスもハイエクもオーストリア学派の流れを汲んでいるので、オーストリア学派の理論や思想史に通じていたほうが理解は深まる。ここでも厳選していくつか推薦する。

八木紀一郎『ウィーンの経済思想――メンガー兄弟から20世紀へ』（ミネルヴァ書房、二〇〇四

年）

尾近裕幸・橋本努編著『オーストリア学派の経済学――体系的序説』（日本経済評論社、二〇〇三年）

ヘスース・ウエルタ・デ・ソト『オーストリア学派――市場の秩序と起業家の創造精神』蔵研也訳（春秋社、二〇一七年）

ミーゼスやハイエクと比較すると、シュンペーター関連の文献は桁外れに多い。そのなかから厳選するのは決してやさしくないが、入門書としては、次のような本がある。

伊東光晴・根井雅弘『シュンペーター――孤高の経済学者』（岩波新書、一九九三年）

伊達邦春『シュンペーター』（日本経済新聞社、一九七九年）

評伝も少なくないが、日本語で読めるものとしては、次の三冊をすすめる。

根井雅弘『シュンペーター』（講談社学術文庫、二〇〇六年）

菊地均『シュンペーター』（共同文化社、二〇一〇年）

トーマス・K・マクロウ『シュンペーター伝——革新による経済発展の預言者の生涯』八木紀一郎監訳（一灯舎、二〇一〇年）

英語やドイツ語で書かれた評伝の中にも捨てがたいものがあるが、それらは、右の本を読んでいくうちに所在がわかるはずだから、関心があればぜひ読んでみてほしい。

シュンペーター自身の著作では、やはり次の三冊は必読である。

J・A・シュムペーター『理論経済学の本質と主要内容』上・下、大野忠男・木村健康・安井琢磨訳（岩波文庫、一九八三年）

J・A・シュムペーター『経済発展の理論』上・下、塩野谷祐一・中山伊知郎・東畑精一訳（岩波文庫、一九七七年）

J・A・シュムペーター『資本主義・社会主義・民主主義』新装版、中山伊知郎・東畑精一訳（東洋経済新報社、一九九五年）

学部生時代の半ば、「マルクス没後一〇〇年」「ケインズ生誕一〇〇年」「シュンペーター生誕一〇〇年」という三つの記念行事が重なった年（一九八三年）があるが、そのときには、各新聞や各雑誌がこぞって特集を組んだものである。私は、なかでも、ケインズとシュンペーターを比較対照させたものを好んで読んだが、このテーマを扱った本も数冊挙げてみる。

吉川洋『いまこそ、ケインズとシュンペーターに学べ——有効需要とイノベーションの経済学』（ダイヤモンド社、二〇〇九年）

根井雅弘『ケインズとシュンペーター——現代経済学への遺産』（NTT出版、二〇〇七年）

シュンペーターは、第一に経済学者だったが、より広い意味での社会科学者でもあった。この事実は、彼が生きている時代から学界の共通認識となっていたが、このテーマに真正面から切り込んだ研究書はそれほど多くはない。そこで、まずは、この分野でシュンペーター自身が書いたものをよく読んでみることをすすめたい。

J・A・シュンペーター『資本主義は生きのびるか——経済社会学論集』八木紀一郎編訳（名古屋大学出版会、二〇〇一年）

J・A・シュムペーター『社会科学の過去と未来』玉野井芳郎監修（ダイヤモンド社、一九七二年）

J・A・シュムペーター『今日における社会主義の可能性』大野忠男訳（創文社、一九七七年）

その上で、いくつかの参考書を読んでみてほしい。

S・E・ハリス編『社会科学者　シュムペーター』坂本二郎訳（東洋経済新報社、一九五五年）
大野忠男『シュムペーター体系研究――資本主義の発展と崩壊』（創文社、一九七一年）
金指基『シュンペーター再考――経済システムと民主主義の新しい展開に向けて』（現代書館、一九九六年）

このあたりまで来ると、日本語文献だけでは限界で、右のような本をひもといて疑問点などを感じるようなら、欧米語で書かれた研究書にあたったほうがよい。シュンペーターであれば、洋書を取り扱っている丸善や極東書店などのウェブサイトに行けば新刊案内が得られるはずだから、それをチェックすることをすすめる。もし研究者を目指すのであれば、決して出所明らかではないインターネット上の論文を読んでわかった気になってはならない。最近、このことがわかっていない大学院生が多いことに愕然とした経験がある。

シュンペーターは「企業家精神」に焦点をあてた偉大な経済学者の一人なので、企業家論や経営学を研究している人たちにも大きな影響を与えた。シュンペーターだけに関心のある経営学者や経営史家はそれほど多くはないだろうが、いくつか参考になる本を挙げておく。

P・F・ドラッカー『イノベーションと企業家精神』上田淳生訳（ダイヤモンド社、二〇〇七年）

瀬岡誠『企業者史学序説』（実教出版、一九八〇年）

米倉誠一郎『イノベーターたちの日本史』（東洋経済新報社、二〇一七年）

ただし、日本でも高名なドラッカーは、経済思想史には詳しくないので、誤った記述も散見される。もっと正確な学説史を学ぶには、根井雅弘『企業家精神とは何か』（平凡社新書、二〇一六年）などを参照してほしい。

あとがき

本書は、三人が取り組んだ問題に対する最終的な解答を与えるために書かれているのではない。そのような大それたことを、この小さな本でできるはずがない。だが、三人の経済思想を紹介する作業を通じて、その問題を考えるためのヒントをいくらか提供できたのではないかと思う。世の中には誰それの経済思想を指して「……主義」というように単純に分類するような解説が多すぎる。だが、経済学の古典をまともに読んできた学者なら、経済思想は単純ではないし単純にもできないと内心では思っているに違いない。もちろん、その点が一般の読者に伝わっていないなら、私たち専門家にも責任があるので、自戒の意味も含めて、今後の課題としたい。

二〇一九年一月二七日

雪の日の京都・紫野にて

根井雅弘

根井雅弘（ねい・まさひろ）
1962年、宮崎県生まれ。早稲田大学政治経済学部卒業、京都大学大学院経済学研究科博士課程修了（経済学博士）。現在、京都大学大学院経済学研究科教授。専門は現代経済思想。著書に、『経済学者はこう考えてきた――古典からのアプローチ』（平凡社新書）、『英語原典で読む経済学史』（白水社）、『経済学者の勉強術――いかに読み、いかに書くか』（人文書院）などがある。

NHK BOOKS 1258

資本主義はいかに衰退するのか
ミーゼス、ハイエク、そしてシュンペーター

2019年8月25日　第1刷発行

著　者　**根井雅弘**　
発行者　**森永公紀**
発行所　**NHK出版**
東京都渋谷区宇田川町41-1　郵便番号150-8081
電話 0570-002-247（編集）　0570-000-321（注文）
ホームページ　http://www.nhk-book.co.jp
振替　00110-1-49701
装幀者　**水戸部 功**
印　刷　**三秀舎・近代美術**
製　本　**三森製本所**

Printed in Japan　ISBN978-4-14-091258-4 C1333

NHK BOOKS

*社会

デザインの20世紀　柏木　博
嗤う日本の「ナショナリズム」　北田暁大
新版　図書館の発見　前川恒雄／石井　敦
社会学入門―〈多元化する時代〉をどう捉えるか―　稲葉振一郎
ウェブ社会の思想―〈遍在する私〉をどう生きるか―　鈴木謙介
新版　データで読む家族問題　湯沢雍彦／宮本みち子
現代日本の転機―「自由」と「安定」のジレンマ―　高原基彰
メディアスポーツ解体―〈見えない権力〉をあぶり出す―　森田浩之
議論のルール　福澤一吉
「韓流」と「日流」―文化から読み解く日韓新時代―　クォン・ヨンソク
希望論―2010年代の文化と社会―　宇野常寛・濱野智史
ITが守る、ITを守る―天災・人災と情報技術―　坂井修一
団地の空間政治学　原　武史
図説　日本のメディア　藤竹　暁
図説　日本のメディア［新版］―伝統メディアはネットでどう変わるか―　藤竹　暁／竹下俊郎
ウェブ社会のゆくえ―〈多孔化〉した現実のなかで―　鈴木謙介
情報社会の情念―クリエイティブの条件を問う―　黒瀬陽平
未来をつくる権利―社会問題を読み解く6つの講義―　荻上チキ
新東京風景論―箱化する都市、衰退する街―　三浦　展
日本人の行動パターン　ルース・ベネディクト
「就活」と日本社会―平等幻想を超えて―　常見陽平
現代日本人の意識構造［第八版］　NHK放送文化研究所 編

*経済

考える技術としての統計学―生活・ビジネス・投資に生かす―　飯田泰之
生きるための経済学―〈選択の自由〉からの脱却―　安冨　歩
資本主義はどこへ向かうのか―内部化する市場と自由投資主義―　西部　忠
ドル・円・ユーロの正体―市場心理と通貨の興亡―　坂田豊光
雇用再生―持続可能な働き方を考える―　清家　篤
希望の日本農業論　大泉一貫

※在庫品切れの際はご容赦下さい。